回望 张恨水

Huiwang Zhang Henshui

谢家顺 主编

此山 此水 此人

张恨水生活足迹寻踪（皖江篇）

谢家顺 著

广陵书社

图书在版编目（CIP）数据

此山　此水　此人：张恨水生活足迹寻踪. 皖江篇 /
谢家顺著. -- 扬州：广陵书社，2019.5
　　（回望张恨水 / 谢家顺主编）
　　ISBN 978-7-5554-1207-6

Ⅰ．①此… Ⅱ．①谢… Ⅲ．①张恨水（1895-1967）
—人物研究 Ⅳ．①K825.6

中国版本图书馆CIP数据核字(2019)第058529号

丛 书 名　回望张恨水
丛书主编　谢家顺

书　　　名　此山　此水　此人：张恨水生活足迹寻踪（皖江篇）
著　　　者　谢家顺
责任编辑　张　敏　　　　特约编辑　曹文静
出 版 人　曾学文　　　　装帧设计　鸿儒文轩·书心瞬意

出版发行　广陵书社
　　　　　扬州市维扬路 349 号　　　邮编：225009
　　　　　http://www.yzglpub.com　E - mail:yzglss@163.com
印　　刷　三河市华东印刷有限公司

开　　本　650mm×940mm　　1/16
字　　数　220 千字
印　　张　17
版　　次　2019 年 5 月第 1 版第 1 次印刷
书　　号　ISBN 978-7-5554-1207-6
定　　价　58.00 元

题 记

时间会使某些新文学家衰败，也会使某些旧小说家新生。

——佐思

寻找·回望（总序）
——谨以此献给张恨水先生逝世五十周年

19世纪末、20世纪上半叶的中国风云激荡——在国门洞开和急剧动荡的社会环境中，从经济、政治到思想文化和社会生活，开始了一系列深刻的变革，形成了中国社会向现代化艰难迈进的历史画卷，同时深刻影响着当时社会的每个人。

张恨水就是一位深受影响的作家。从1894年7月开始到1895年4月结束，历时近一年的甲午中日战争，一个最明显的标志就是签订了丧权辱国的《马关条约》，对当时的中国影响巨大。战争结束一个月后的5月18日，一位名叫张心远的孩子在江西出生。而令他没有想到的是，四十年后的1937年，由"七七卢沟桥事变"引发的全面侵华战争（史称"第二次中日战争"），则彻底改变了他的生活与创作。另一件值得一提的事件是，1905年9月清朝廷发布上谕，自1906年开始废除自隋代起实行千余年的科举取士制度。这就无形之中改变了张恨水的人生走向——所受教育与人生价值观的形成。

张恨水就是在这种背景下接受了中国传统文化的浸染、五四新文化的洗礼，经历了山河破碎的颠沛流离和新中国的和平建设。他天资聪颖，勤奋好学，是命运将其推向了新闻记者岗位。他选择了文学创作之路，几十年来，无论是早期的习作、中期的辉煌，还是晚期的力不从心，在其所历经的晚清、北洋军阀、民国时期以及新中国等各个历史阶段，他用如椽之笔，描情摹态所留下的包括小说、散文、诗词等在内的三千多万字作品，构成了一座文学的金字塔。透过这些作品，我们可以发现张恨水立足20世纪初的中国都市与乡村，对中国传统文化的精神坚守，对当时广阔社会生活的形象再现，对底层普通民众的深切同情，以及对社会黑暗的暴露与鞭挞。尤其值得称道的，是他与时俱进和精进不已的精神追求。也正因如此，当面对来自文学界的争议时，他才能始终默然，从容处之，坚信只要自己的作品存在就是最好的回答。历史最终证明，他是对的。

在研读先生作品过程中，我常常在思考，到底是什么原因使先生的作品长盛不衰，具有一种穿越时空的艺术魅力？于是，我和我的研究团队开始寻找答案。

2001年，为寻求研究项目资金支持，我申报的安徽省教育厅人文社科项目"张恨水对联艺术研究"获准立项，随之，项目成果《张恨水对联艺术论稿》也呼之欲出。

2003年，为扩大研究视野、拓宽研究思路，"张恨水小说民俗学研究"又获准立项。

2004年，我受学校派遣，赴北京大学中文系做访问学者。在此期间，我明白了，要了解、分析一位作家，必须深入研读文本。由于导师陈平原教授的及时点拨，"从旧报刊入手"成为了自己今后的研究思路。

2006年暑假开始，在安徽省张恨水研究会的大力支持下，我开展了为期近十年的"寻访张恨水生活足迹"活动，足迹遍及江西、安徽、上海、江苏、北京、湖北、重庆、四川、陕西、甘肃和辽宁等省市，对张恨水的子女和其他亲属，生前同事、好友及后人，从事张恨水研究的相关学者进行了采访，对张恨水曾经的生活、工作地做了实地探访，对涉及的地方档案馆、图书馆的资料做了最大程度的搜集与复制。

为提升研究层次，全面搜集张恨水研究资料，同时寻求更多的研究经费支持，在中国人民大学朱万曙教授的倾力指导下，2007年、2010年先后申报的安徽省社科项目"张恨水年谱长编"和国家社科基金项目"张恨水年谱"分别获准立项，其终极成果83万字的《张恨水年谱》于2014年正式出版发行，为读者和研究者奉献了一份较为完整翔实的资料。

还有就是参与安徽省张恨水研究会先后组织召开的十次学术研讨会，以及2015年受邀赴美进行的讲学与学术交流。

……

"十年辛苦不寻常"，奔波的过程是艰辛的，查阅的过程是枯燥的，整理分析的过程是寂寞的，发现的结果却令人兴奋和喜悦。

我仿佛在与先生对话。城市和乡村，高楼之间的街道和原野上的阡陌，从1895年至1967年，凡张恨水先生所到与描述之处，无论是白墙灰瓦的皖赣民居、巴蜀山间的茅草房屋，还是老屋纸窗的北京四合院，尽管时间流逝，时代变更，外部环境改变，仍无法洗刷掉当年的痕迹，只要脚下的土地尚在，历史记载还在，只要遗迹犹存，记忆就不会消失——因为文化基因永远扎根在人们的心中，那含有文化内涵的立体、丰满的张恨水就会永驻读者心中。

我还在思索，恨水先生仙逝五十年了，我们应该做点什么呢？

2016年8月，在东北师范大学文学院召开的"年谱与新文学研究的经典化"学术研讨会上，我和作家、知名策划人陈武先生一拍即合，策划推出《回望张恨水》系列丛书，并得到北京鸿儒文轩文化传播有限公司的大力支持，由我负责丛书的选题，围绕"纪念"主题，初步选定了《张恨水纪念文集》《此山　此水　此人——张恨水生活足迹寻踪（皖江篇）》《遗珠晶莹——探寻父亲张恨水先生的岁月之痕》《张恨水小说图志》《张恨水传》五部著作。

《张恨水纪念文集》是迄今为止编辑的第一部纪念张恨水的文章选集。编者力求通过图片展示、自述，亲属、同事、好友与后学怀念，以及学术界张恨水研究代表性观点梳理等展示张恨水生平、创作成就及学术地位。值得一提的是，文集所收文章、图片除学术评论外，多为首次面世，具有较强的史料价值。

《此山　此水　此人——张恨水生活足迹寻踪（皖江篇）》是作者十多年来寻访张恨水生活足迹的真实记录与文化思考，其中所展示的，是易被人们忽略的有关张恨水的生活、创作的细节，图文并茂，可以看成《张恨水年谱》的姊妹篇，凡年谱不好展开的内容，在本书里均得到了一一再现。

《遗珠晶莹——探寻父亲张恨水先生的岁月之痕》是张恨水先生现居北京的四子张伍和美国华盛顿的女儿张明明之间的通信结集，虽为兄妹书信，但展示的却是不为我们熟知的张恨水生前生活、创作的点点滴滴。

《张恨水小说图志》介绍了张恨水各种小说版本（含单行本和报刊连载版本，绝大多数系作者宋海东所藏），尤其是民国版本在书中得到了充分展示，刊布了200张相关图片。图文并茂是该书一大特色，是一部真正意义上的"图书"。

《张恨水传》的作者马季，是一位作家，以作家特有的笔力与眼光，以第三人称的角度叙述了张恨水的人生经历和创作成就。

这就是湮没在20世纪时间长河里的张恨水，他是一位报人和文学跋涉者。我们寻找他，是为了更全面地了解他，更深入地解读他和他的文学精神，进而通过他从一个侧面探寻20世纪中国文学发展的历史风貌。

今年南方暖冬，间或偶有寒流，望着窗外纷纷扬扬的雪花，不禁想起了张恨水先生在1927年那个彤云覆树、雪意满天的腊月撰写的《春明外史》后序，其中有云：

予书既成，凡予同世之人，得读予书而悦之，无论识与不识，皆引予为友，予已慰矣。即予身死之后，予墓木已拱，予骸骨已泥，而予之书，或幸而不亡，乃更令后世之人，取予书读而悦之，进而友此陈死人，则以百年以上之我，与百年以下之诸男女老少，得而为友，不亦人生大快之事耶？

不识人情且看花，文章华国鉴千秋。让我们阅读他的华彩文章，走进张恨水先生内心世界，就像恨水先生所期望的那样，和他身后百年之后的人进行灵魂上的沟通。

这就是我们回望张恨水的缘由。

是为序。

谢家顺

写于农历丁酉正月十二池州雪花飘飞之时

张恨水与皖江文化（代序）

[提要]　皖江文化是一种地域文化，张恨水与皖江文化有着割不断的渊源，这种渊源不仅表现在皖江地区的人文与地理环境所给予的浸润，更表现在这一地区历史文化的熏染，还体现为张恨水以其创作的实绩丰富着皖江文化的内涵。

人创造了环境，同时环境也创造了人。[①]经验告诉我们，在一定自然文化圈内形成的某种地域文化生存形态，以一种"集体无意识"，在不自觉中规囿着人们的生活和思维模式，使生存于其中的人们逐渐形成具有特定价值观念的文化心理结构。地域的这种文化积淀以一种隐性传承的方式或显或隐地影响着人们的文化个性和审美创造。作为地域文化的皖江文化，滋润着张恨水，形成了他平和豁达的性格以及目光敏锐的报人风格，影响着张恨水的创作，其作

---

① 马克思，恩格斯.马克思恩格斯选集：第1卷[M].北京：人民出版社，1972：43.

品里时常贯穿着皖江生活素材，活跃着皖江人物的身影，使得他创作的作品中蕴藏着深厚的皖江文化气息。同时，张恨水以自己的创作实绩，也充实、丰富、发展了皖江文化的内涵。

一、皖江文化特征表述

最早提出"皖江文化"概念的，是桐城派著名文人朱书（1654—1707）。他的《告同郡征纂皖江文献书》一文里，有"吾安庆，古皖国也。其岳曰皖山，其渎曰大江，其川曰寻潜，其浸曰雷池，其镇曰大龙。灵秀所钟，扶舆郁积，神明之奥区，人物之渊薮也"①之语，从地域范围角度指出了皖江包括安庆府六邑，皖江文化就是安庆文化。

朱书的这一观点，汪军先生在《瑰丽的皖江文化》一文中进行了具体阐释，并提出了自己的看法："……皖山以南的皖南地区则有两大板块，以歙县、婺源为中心的徽州文化和以安庆、桐城为中心的皖江文化……"（汪军：《瑰丽的皖江文化》（上），2004年5月8日《新安晚报·民间档案》）仍将皖江文化定位于安庆文化。

随着时代的发展，仅以安庆范围内的文化来概括皖江文化，显然不够科学。皖江应看成大皖江，因此，皖江文化也应该是一种大皖江文化。从地理层面看，应包含八百里皖江，以安庆为龙头，沿长江顺流而下所辐射的池州、铜陵、宣城、芜湖和马鞍山，包括精神的、物质的、社会的、民俗的、文学艺术和自然的等内涵；从

---

① 汪军.《皖江文化纵横谈——从朱书〈告同郡征纂皖江文献书〉说起》[c]//皖江文化探微——首届皖江地区历史文化研讨会论文选编.合肥：合肥工业大学出版社，2005：63.

文化层面看，皖江文化应包括以安庆为中心的古楚文化（古皖文化）、桐城文化，以及受这两种文化与徽州文化交叉影响的沿皖江池州、铜陵、宣城、芜湖、马鞍山地区的"徽皖文化"。从属性上划分，皖江文化属于区域文化，是水文化（流动、变革的文化色彩）和山文化（稳健、厚重的文化底蕴）的结合。

二、皖江文化对张恨水的主要影响

张恨水的家乡是安徽省安庆市的潜山市，那里不仅具有独特的自然景观和较好的生态环境，而且在漫长的历史长河中，经劳动人民创造，并逐渐演化、积淀成具有丰富社会历史内涵的人文景观，即以皖国地域为中心，脉承薛家岗文化源流，吸收、融合多种文化因素，形成有区域特征，且区别于其他文化的复合体——古皖文化。[①]这一文化，融入了楚文化、吴越文化因素，呈现出自身的文化特征。这种文化积淀给予张恨水文化品格、精神气质以很大的影响。同时，地域文化是一个历史的范畴，它既带有传统的继承性，又具有现实的具体性，特别是它受着一定社会历史和现实环境的制约。家庭氛围、文化教育及故乡的风俗民情的显示，给予张恨水较大的文化影响。

（一）皖江文化的精神特质对张恨水的影响

张恨水出生于官宦之家，为武门之后，生活在一个多灾多难的年代，一生历经人生磨难，饱尝人间辛酸，其作品渗透着人生悲苦。作为一名现代知识分子，他承继了中华文化的优秀传统，保持

---

① 朱邦振.皖山与古皖文化[J].古皖文化研究资料，1997（1）：29.

着中国知识分子的美好品格，为文始终遵循"文以载道"的精神，为人常有做人处世的准则，是一位具有爱国心、富于正义感的作家。正如老舍先生所言："……恨水兄就是最重气节，最富正义，最爱惜羽毛的人……"（老舍：《一点点认识》，1944年5月16日重庆《新民报》）18岁时，当他正准备去外国留学时，父亲不幸身亡。身为长子的张恨水挑起了一家人的生活重担——孝顺母亲，培养弟妹，尽一切努力支撑门户。家道的中落，虽使张恨水从小康坠入困顿，但却使其从困顿中崛起；虽饱受世态炎凉，却使其超越世态炎凉。这种特殊的经历和感受，直接铸造了张恨水的成熟和坚强。因此，过早失学的他，随母亲回潜山老家闲居后，虽为个人前途苦闷焦虑，却静下心来埋头苦读、自学自修。凡经史子集、诸子百家、辞章传奇，无不涉猎。后又一面致力于古文，一面深研林译小说，阅读了大量古今中外的文学作品。不仅丰富了文学知识，更学到了不少写作方法，为其日后从事文学创作奠定了扎实的功底和牢固的基础。

张恨水的青年时代，中国正处于国内军阀混战时期，民不聊生。为了摆脱困境，寻找出路，年轻的张恨水几次沿着皖江，离家出游，浪迹江湖。他在《写作生涯回忆》中说："第一次流浪是22岁的春天，因为我族兄在上海吃官司，我受了本家之托，到上海去为他奔走……"[1]；第二次流浪是"23岁的春天，友人郝耕仁，他看我穷愁潦倒，由他的故乡石牌，专门写信约我一同出游……"[2]他们从安庆到上海，再到镇江……"一路卖药，一路买药，专走乡间小

---

① 张恨水.写作生涯回忆[M].太原：北岳文艺出版社，1993：19.

② 张恨水.写作生涯回忆[M].太原：北岳文艺出版社，1993：25.

路……"①这两次流浪，使张恨水饱览了祖国的南北风光，观赏了名胜古迹，体察了风俗民情，更为重要的是，他开始看到社会是如此的黑暗，军阀是这般的凶残，人民是这样的痛苦。生活为张恨水积累了反映动乱年代的原始素材，坎坷的人生道路成了培养他成为市民文学家的摇篮。从此，张恨水立志要做一个为普通民众说点公道话的代言人。

张恨水的一生，大半时间从事报纸新闻工作。1918年初经郝耕仁介绍到芜湖《皖江日报》做总编辑，养成了他敏锐独特的眼光和社会洞察力。张恨水的成功是勤奋的结果。20世纪30年代初期，他从上午九点多钟开始写作，直到下午六七点钟才放下笔。吃过晚饭，有时看场电影或京戏，然后又继续写，直写到晚上十二点钟。最忙的时候，张恨水要为各地报纸同时写作七部长篇连载小说。

应该说，张恨水立志改良和创新章回小说体的理想，青少年时形成的趣味与思考方式起了相当重要的作用。

张恨水的人生经历和文学创作经验告诉我们，文学创作是作家心态的凸现过程，它一方面反映客观现实生活在作家心理上的投影，同时也表现着作家的思维方式、价值观念、文化取向等深层结构。因此，张恨水的思想主要受时代精神和中国传统文化的影响，但其作品的审美取向、皖江文化的隐性传承仍是显而易见的。

---

① 张恨水.写作生涯回忆[M].太原：北岳文艺出版社，1993：26.

（二）皖山与儒家文化、佛家文化及道家文化对张恨水思想及创作的影响

人们通常所论的宗教文化，其主要内容是指儒家文化、佛家文化和道家文化。张恨水的故乡——古皖地，是一个多宗教并存的地区，儒教、道教和佛教在这里均留下了众多遗迹。这三教深深地积淀于当地人民的心理结构之中，虽然三者有着迥然不同的思维路线，但它们的出发点和归宿无疑都是现实人生。张恨水深受这三种文化影响，这种影响在其小说创作中有着重表现。

首先，张恨水在其小说中通过人物形象塑造所体现的社会理想，体现出儒家文化的影响。他从儒家思想中接受"中庸""仁爱"的人生哲学，吸收儒家的为人处事、修身养性之道，希望通过提倡儒家的处世准则、自我反省的道德伦理，来拯救世道人心。从张恨水的自述以及他的亲朋好友谈他的思想创作道路的文章里，可以发现他重人品、重气节；他安贫乐道，不做官、不经商；他性情豪爽，有责任感、重友谊、尚侠任。他一生洁身自好，从不趋炎附势。当《春明外史》《金粉世家》《啼笑因缘》发表后，有些朋友看他太清贫，劝他改行入宦途，张恨水均婉言谢绝。他说："流自己的汗，吃自己的饭"，不用"造孽钱"。[①]显示了张恨水重气节的人格精神。张恨水还认为"孔子的学说，除一小部分，为时代所不容外，十之七八，是可崇奉的。""我们正不必看着孔子过于古老，只问孔子所能的，我们能不能。"（水：《谈孔子教人》，1938年8月27日重庆《新民报》）他对孟子也特别推崇，认为孟子是孔家店里"一位敢作敢为的人"（水：《想到孟子》，1938年1

---

① 张晓水，张二水，张伍.回忆父亲张恨水先生[J].新文学史料，1982（1）：25.

月28日重庆《新民报》），并坚持认为"一部《论语》里，就有很多治国做人的道理。"（水：《要善读死书》，1940年5月6日重庆《新民报》）他把从孔孟思想中接受过来的人生哲学及为人处世的人生方式，全部倾注到自己小说的理想人物身上，这些人物，一类是具有较高文化修养、儒雅气质的人物。如《春明外史》里的杨杏园。一类是普通平民、浑身充满侠义精神的人物。如《啼笑因缘》里的关氏父女。

其次，佛道文化对张恨水的思想与创作也产生了重要影响。佛教从印度传入中国后，经过长期的演变，在日常生活中逐渐表现为一种宿命论或天命观。张恨水深谙此道。他曾直言不讳地说："痛则人生常有，快则未也。一人立身社会，上而父母之赡养，下而子弟之扶持，微而细君之所盼望，大而国家乡党予之负荷，兼之本人之言行，为衣食住行之奔逐，或为朋友社会所不谅解，将何往而不痛苦？凡兹所述，一人虽不必具备，而亦绝不能尽无，是真佛家所谓生之苦也。"[1]在《金粉世家》自序里，张恨水写道："忆吾十六七岁时，酷好词章，便又欲读书种菜，但得富如袁枚之筑园小仓，或贫如陶潜之门种五柳。至三十以来，则饱受社会人士之教训，但愿一杖一盂，作一游方和尚而已。顾有时儿女情重，辄又忘之。今吾儿死，吾深感人生不过如是，富贵何为？名利何为？作和尚之念，又滋深也。"[2]作为一位正直、有良心的传统文化人，其内心的苦闷与隐痛由此可见一斑。

关于张恨水的佛教思想，1931年1月，他曾吐露："我近年常看

---

[1] 张恨水.剑胆琴心[M].太原：北岳文艺出版社，1993：1.
[2] 张恨水.金粉世家[M].太原：北岳文艺出版社，1993：3.

些佛书，不愿多造口孽。"①早在1926年，他就写下了不少禅诗，如"扫地焚香盘膝坐，半因学佛半因闲"②"惆怅悲风蒿里歌，归来面壁学维摩"③"坐久不言还一笑，此中禅味老僧知"④，表明他读经悟禅，以"老僧"自诩，并达到了以禅入诗、以诗明禅的境界。

张恨水的佛教思想，还寄托在他所塑造的小说主人公身上。《春明外史》《金粉世家》《啼笑因缘》中的诸多人物，他们都在现实中遇到了挫折，但是他们又没有直面现实人生的坚强决心，因此，就只能采取与世无争、逃避现实的方法，在佛学中寻求精神寄托，实现其心理平衡。

对于理想与现实的矛盾、理想在现实中难以实现的痛苦，张恨水一方面采取了佛家的人生方式，让自己的社会理想充满着人生的悲凉感，同时又采取道家体悟世界的方式，追求一种"返璞归真"的理想境界。取材于张恨水故乡天柱山的小说《秘密谷》较明显地体现出了道教对张恨水创作的影响。他在《写作生涯回忆》里对此进行了解释："《秘密谷》这本书是抽象的，我说大别山里，还有个处女峰，峰下有个秘密谷，里面的人，还是古代衣冠，因为他们和外面社会隔绝一个时代了。借着这些人，可以象征一些夜郎自大的士大夫……"⑤从中，人们可以发现，张恨水创作《秘密谷》的目的，在于探寻那些夜郎自大的"小国"文化心态，所运用的手法是

① 张恨水.新斩鬼传[M].太原：北岳文艺出版社，1993：1.
② 张恨水.剪愁集[M].太原：北岳文艺出版社，1993：11.
③ 张恨水.剪愁集[M].太原：北岳文艺出版社，1993：29.
④ 张恨水.剪愁集[M].太原：北岳文艺出版社，1993：31.
⑤ 张恨水.写作生涯回忆[M].太原：北岳文艺出版社，1993：61.

"幻想人生"，带着一定意义上的梦幻现实主义色彩。

（三）皖江地区民俗文化对张恨水创作的影响

这种影响，最突出地体现在张恨水的诗、小说和散文中，对故乡的民俗风情，张恨水或进行直接描述，或将其穿插于故事情节之中，或回忆，表达自己的家国情怀。

他曾经写《潜山春节》诗十首，较真切地回忆了皖江一带农历春节时的"小年"（腊月二十四接祖宗）、预备年货（打千张、做茶干等）、贴门对、大年夜守岁及正月十五闹花灯等景况，借民俗回忆，表达了他的故乡情。

在散文中，他对皖江一带的乡村风俗也作了描述：一类是有关皖江风物的叙写，如《安庆新貌》《迎江寺塔》《黄梅戏》《菱湖公园》等；一类是借时事的论述穿插皖江风俗，如《野人寨好比小宜昌》《岳西》等；另外一类是对故乡农村劳动场景的描写，如《禾雀与草人》《斑鸠之猎取》《忆车水人》《耘草者》等。这些散文，笔调清新流畅，工笔般地描述了皖江一带的风俗，具有一定的民俗价值。

张恨水以小说创作闻名于世。因此，最值得一提的，是张恨水那些取材于皖江生活创作素材的小说。在《现代青年》《天河配》《秘密谷》《天明寨》等小说中，张恨水选取了皖江的人、事、物，将其纳入小说故事情节，成为一种"文艺民俗"。这些民俗涉及皖江生活的方方面面，民俗种类多，民俗特色鲜明，是我们认识20世纪初皖江风土人情的形象宝库。

三、张恨水对皖江文化的贡献

张恨水是一名皖籍作家，他对自己的故乡充满了深厚的感情，他曾以"天柱峰旧客""天柱山下人""天柱山樵""潜山人""我亦潜山人""一生不发达的潜山人""程大老板同乡""梅城笑翁"等作为笔名来表达这种感情。总体看来，张恨水对皖江文化的贡献，可以用六个字来概括，这就是"继承、丰富和发展"。具体体现在以下六个方面：

（一）以一种报人与作家相结合的身份所创作的洋洋3000万言实绩，被载入中国现代文学史册。人称"通俗小说大家""章回小说大家""承一代大任的对联大家""民俗学专家"等

张恨水正式公开发表小说应该是从1918年3月到4月在安徽芜湖《皖江日报》连载小说《紫玉成烟》开始的，至1924年在北京《世界晚报》连载长篇小说《春明外史》成名以及之后的《金粉世家》《啼笑因缘》，使得张恨水不仅为读者所青睐，也为新文学作家所关注，再至张恨水1931年到1949年创作的国难小说、抗战小说，逐渐被新文学作家所"认同"，及至新中国成立后的30年沉寂。20世纪末、21世纪初的学界对其重新认识确立其文学史地位，其间历经百年，这一切可谓一个"文学史上的悖论"。[1]好在已经逐渐为文学史所认识——一个中国现代文学史上所特有的"张恨水现象"理应为我们所记载。

---

[1] 杨义.张恨水：文学奇观和文学史困惑[M].//张恨水名作欣赏.北京：中国和平出版社，1996：1.

从文学传播学角度看，他的小说文本已经成功地为各种艺术样式所接受，为不同阶层的读者所钟爱，先后形成了三次"张恨水热"，达到了一个新的高峰，并创造了一个又一个奇迹，成为中国现代文学史上一种独特的文学传播现象。

20世纪初，报纸是当时最主要的传媒之一，它成为读者阅读张恨水创作的小说文本的重要渠道，其次是根据小说改编的戏剧和电影。张恨水创作《春明外史》《金粉世家》《啼笑因缘》等小说的20世纪二三十年代，其时在读者和观众中形成的轰动效应，以及文学界评论，应该说是第一次"张恨水热"，其中以"《啼笑因缘》热"为最。

第二次"张恨水热"是20世纪八、九十年代。当时伴随着人们思想观念的解放，人们对张恨水及其作品进行了重新认识和评价。这一热潮着重体现在如下几方面：一是张恨水作品的大量再版，其中以山西北岳文艺出版社出版的《张恨水全集》为代表；二是有关张恨水及其作品的学术研讨达到了空前繁荣，其中以安徽省张恨水研究会的成立及其召开的多次学术研讨会为标志；三是随着电影、电视影像传媒的兴盛，以电影和电视剧（含戏剧片）为依托，以张恨水作品为素材改编的电影和电视剧大量涌现；四是以因特网为载体的张恨水小说电子文本的出现。

第三次"张恨水热"出现在21世纪之初，应该说是市场化的时代大潮使然，是张恨水作品内在艺术魅力的具体表现。这次热潮主要表现在电视艺术界对张恨水作品的改编与制作上，准确地说是"荧屏张恨水热"，其中以中央电视台重磅推出的改编的40集电视连续剧《金粉世家》、38集电视连续剧《啼笑因缘》、34集电视连续剧《夜深沉》以及根据《满江红》改编的38集电视连续剧《红粉世家》和《纸醉金迷》影响为最。尤其值得一提的是，随着这些电视剧的播出而形成了张恨水作品的出版热——因电视剧的热播而使观众产生了对小说原著文本的阅读需求。

这一传播过程，我们不能仅仅理解为文学单一的文本传播，由此所引起的思考当然包括民俗、宗教等文化现象在内的对张恨水的一种深层次的文化思索。这一思索本身以及张恨水传奇式的人生经历就是张恨水带给皖江文化的一种无形资产与文化品牌。

（二）以文学形式形象地记载了20世纪初皖江地区的山川景物、民俗风情，成为可资人们认识皖江的生动素材

张恨水祖籍安徽潜山，出生在江西上饶，其具有的故土情结，使张恨水虽然长期在外漂泊，但每次都是从潜山到安庆沿八百里皖江或沿江顺流而下奔赴芜湖、南京而至北京、苏州、上海，或溯江而上至武汉、重庆等地，其中，所见所闻均为皖江地区的自然景观与历史文化。这些历史与文化被张恨水以小说形式形象地记载下来，成为后人一种形象的历史文化教科书。

这些小说既有反映皖江乡间民风民俗的长篇巨著，如《天河配》；也有描写故乡潜山山川秀美景色的长篇佳作，如《秘密谷》；还有表现民国时期安徽省城安庆的人文景观、风土人情的作品，如《现代青年》《似水流年》。读者读后，都有一种身临其境之感，给人以民国时期皖江地区人文精神的陶冶与洗礼。

（三）以皖江地区抗战为素材的小说创作，形象地记录了皖江地区民间抗战的历程

在张恨水创作的百余部小说里，有相当一部分是抗战小说，这也是张恨水小说创作的一个主要特色，其中有些就直接取材于皖江地区。如小说《潜山血》就是描写故乡潜山抗日游击队的故事，其中的人与事大都取材于当地的真人真事。

（四）以皖江地区历史事件为素材，描述当地风情、风物与景致

张恨水小说取材是多方面的，也非常讲究。像以皖江地区历史事件为素材的小说中，既有表现太平天国轶事的《天明寨》，形象地描述了潜山风物；有小说《剑胆琴心》，借主人公辗转湖北、江西、安徽、江苏等地，展现了历史上的皖江地区池州（殷家汇、九华山）、铜陵（大通镇）、黄山、宣城（敬亭山）、芜湖等地的风土人情；还有历史传说改编的历史故事《孔雀东南飞》，其故事中焦仲卿、刘兰芝的爱情故事本身就发生在潜山一带，故事叙述中，人物生活环境、语言等无不打上了潜山烙印。

（五）张恨水本人抒写了大量体现皖江文化的诗歌、散文和短评

张恨水毕生从事新闻记者编辑工作，编辑副刊之时，常常创作一些散文，这些散文中有相当一部分抒写故乡之情，这在他的《山窗小品》《最后关头》中都占有一定篇幅。至于诗歌，更是张恨水直接表述故乡情怀与人情的载体。上文提到的他唯一的诗集《剪愁集》中的《潜山春节》，就形象地记叙了故乡潜山过小年接祖宗、放鞭炮、"打千张"等风俗。

（六）张恨水本人的人格魅力及其创作的影响成为皖江地区人文旅游的一道亮丽的风景，更成为张恨水故乡"山""水"旅游的重要品牌

张恨水从皖江的天柱山下走出，滔滔东逝的皖江水哺育并目送着他北上奋斗。他汲取了皖江文化的精髓，其身上既流淌着皖江传统文化思想的血液，又在20世纪初历史转型中产生新变。作为一位职业报人，报人良知支撑了张恨水不凡的人格，造就了他犀利的目光和敏锐的洞察力，也使其作品充盈着感人的魅力。作为一位作家，张恨水浑身充溢着外柔内刚、正直坚韧、不向恶势力低头的正直文人的气节。正因为如此，张恨水选择了走小说创作的道路——以改造传统章回体小说的方式，反映当时的市民社会生活，并进而力求在雅俗、新旧之间寻求着小说创作的民族化之路。张恨水的成功告诉我们：皖江文化哺育了张恨水，张恨水弘扬了皖江文化，两者互动发展，成为皖江画廊中的不可或缺的组成部分。

（原载《苏州教育学院学报》2009年第2期，略有改动）

目　录
CONTENTS

第一章 潜山：皖山皖水故乡情

[提要] 张恨水对故乡潜山倾注了很深的感情，在他的诗词、散文和小说里有如诗如画的描述，这里仅选取其中不同年代具有代表性的文字，从中以窥全貌。

第一节 张恨水笔下潜山风情举隅

一、诗词

静坐

新萝才得上柴扉，

小院无人碧四围。

镇日尽看春事去，

柳花如雪满帘飞。

[解读]　此诗作于1916年春，为作者在潜山黄土书屋所作，初读似为写景，实则为自己蜗居潜山无所作为的心情写照。十年后，与同期所作的《月下》《舟泊公安将入长江赴武汉》两首诗作，同时发表于1926年5月2日《世界晚报》副刊《夜光》。

偶怀兼示郝三

冻云掩日古城寒，岁月匆匆似指弹。

好饮不多成醉易，卖文过苦得诗难。

微名愧自稗官得，慧业原当小道看。

一个故人终不及，春江回去一渔竿。

江南家住碧萝村，村外丛山绿到门。

一别早忘猿鹤约，十年犹忆水云痕。

风尘只剩贪茶癖，笔砚无从报国恩。

欲问豪华何处去，半囊故纸葬诗魂。

斗室围炉岁又阑，盆梅盘果对书摊。

清贫志趣怜陶令，侥幸功名笑谢安。

月缺月圆忙里过，花开花落静中看。

诗心未敛浑闲事，怕向风尘拾坠欢。

[解读]　此诗原载1928年12月27日《世界日报》副刊《明珠》，系怀想身居江南的好友郝耕仁而作。位于潜山县城北皖光苑的张恨水纪念馆收藏了郝耕仁女儿郝漾为纪念张恨水一百周年诞辰而书赠的诗作："壮怀奋笔写苍生，百卷书成泣鬼神。社会世态呈

笔底，世界文坛一巨人。"另《五古一首——记恨水先生怀念先父耕仁诗》："少壮过寒舍，赋诗赞山村。动念避尘嚣，相约隐丛林。以猿鹤为伴，赏云烟怡情。后为家室累，志愿未得伸。兹念常耿耿，贻诗怀故人。"诗后的文字说明较清晰地叙述了当时的情况："恨水先生廿世纪第一十年曾在寒舍山村小住，颇欣赏山村小景，为赋诗多首，并与先父相约隐居山林，专事著述，后为生计所迫，志愿未偿，心常耿耿。为此在卅年代初（作者注：应为二十年代末）赋七律四首怀念先父，一九三五年将其中七律一首手书条幅赠我，此诗我已录呈先生之纪念馆，堪称传世佳作。"可以为我们理解此诗提供帮助。

悼亡吟（二十六首）

泪看黄泉月作邻，身轻千里走风尘。
故乡料是卿先到，二字平安告母亲。

[解读]　1959年10月14日，周南因病离世，张恨水"精神麻乱，不能拿笔"。此诗系当年12月3日，张恨水"把笔为悼亡吟"第十九首，借对周南的哀思寄托对家乡的思念。

登城

去冬养疴故里，傍城而居。晨起，辄登城曝背，作日光浴。极目云天，愈增感慨。潜山古称南岳，峻削锥天，险于华岱。元明以后，名乃湮没不闻。其地渐近战区，固仍有用之地也。

曝背能医小恙平，悲笳声里辄登城。
昂头天外呼龙起，把盏风前当椠横。

岂有丈夫甘病死，可能亡国作书生？

潜山高瞰如相问，肯负人间好姓名。

[解读]　1937年底，张恨水因病赴芜湖治病，之后经安庆到潜山县城小住。1938年初，身在重庆的张恨水撰写此诗发表在1月22日的重庆《新民报》副刊《最后关头》上，借思念故乡表达自己面对国破家亡现状、誓死报国的满腔热血之情。

旧日书堂

老书堂外绿重重，百尺冬青老去浓。

几次分离君更健，一回新建一驼峰。

十年前到旧书堂，门外新平打稻场。

只剩老根龙样卧，太空苍莽对斜阳。

胜利归来不到家，故乡山泽有龙蛇。

慈帷告我伤心事，旧日书堂已种麻。

[解读]　此诗是抗战胜利后1945年底在安庆过春节与家人团聚时回忆儿时在潜山黄岭老街储氏祠堂读书时情形，表达对物是人非的沧桑之感。诗刊发于1946年1月27日南京《新民报晚刊》副刊《夜航船》。

慈辰七旬纪事

四月二十四日，慈帷七十寿辰，游子远客，无以为祝。晨起，此心砰然动，因赋短句八首，纪实也。

如醉如痴入蜀时，堂前拜别泪成丝，嘱儿一语生平记，莫假衰亲逐自私。

门前送我涩衰眸，日落云黄大地愁，一路枯林飞老叶，狂行十里怕回头。

游子难忘父母年，五千里路阻山川，杜鹃花里逢三月，一听鹃啼一黯然（四川春早，故云）。

偶入歌坛忽变痴，四郎探母上场时，低头忽见襟前泪，离座仓惶少客知。

八载回来喜欲狂，夕阳楼下置归装，凭栏遥见慈亲立，拜倒风沙大道旁。

飞步登楼一笑盈，座前再拜叙离情，八年辛苦吾何恨？又听慈亲唤小名。

为报知音一段情，又随铁马赋长征，终思老母牵衣道，岂为家人负友生？

江南今日柳依依，祝寿堂前稚弱围，生得犬豚尽游子，是谁代著老莱衣。

[解读] 张恨水陪母亲在安庆欢度春节后，1946年2月15日（农历正月十四），离开安庆经芜湖、南京抵北平筹办北平《新民报》。当年四月二十四日，正适他母亲七十寿辰，张恨水有感而发写下此诗发表在1946年4月26日北平《新民报》副刊《北海》上，以表达对母亲的依依思念之情。

张恨水母亲戴氏70寿辰摄于安徽当涂县，时张牧野任当涂县县长

南下杂感（三首）

乙未六十只身南下，路过合肥，在东野兄处过旧历四月廿四（笔者注：公历1955年6月14日），予生日也。回来，六月初一（笔者注：公历1955年7月19日）因补记之。

遍传六十忽然来，单影孤征笑口开。

尚有老兄将弟唤，且由阿侄背人猜。

因缘乱植相思豆，文字难成锦绣堆。

淡泊不多春意在，窗前几朵是残梅。

六十年前是此天，举家拍手笑窗边。

像龙伏浪云何淡，如月追弓影不圆。

南下青山安寓好，北来白手暮烟连。

回头无限缠绵意，一幅沧波梦里缘。

卅年前发陇头枝，偏觉东风得意吹。

浪写官僚牛马走，眼看金粉夕阳时。

偷生病愈方辞药，伴读兴来偶作诗。

若问衰翁老去意，化云孤鹤或相知。

[解读]　作为亦兄亦友的堂兄张东野，可谓是张恨水的知己。1955年只身南下京沪旅行的第一站即是合肥，除游历庐州合肥的自然与人文景观外，值得一提的是，张恨水在合肥张东野的家中度过了自己六十岁生日，兄弟畅怀，往事历历，不禁感慨系之。据张立学回忆，其时他正在合肥安徽医士学校读书，张恨水将他喊至张东野家中询问学习和生活情况，并给了他五元钱，以示鼓励。

潜山春节（十首）

屈指卅年，在潜山度春节。潜山，不仅是潜山，还属潜山四围，大概都是一样。不过年月已远，山河又新，此种春节，当然变化更多矣。诗以志之。

廿四①风晴好晚天，家家坟上响千边②。

灯笼燃烛门前挂，迎接先人③过小年。

注：①二十四，谓过小年。是日须家家迎接祖宗来家过年。

②边，即爆竹也。

③ "先人"即吾乡所谓祖宗也。须办三牲并备爆竹，向附近坟山迎接。若是过远，是则不请，但悬起灯笼迎之。家中祖先堂上，只办三牲，放"边"一挂焚香礼拜。

黄豆打成瑞露浆，作来豆腐①与"千张"②。

"茶干"③咸菜冬蒜炒，淡酒三杯口味长。

注：①黄豆几升做成豆腐，不论贫富过年一致也。

② "千张"即以豆腐压成薄片。

③ "茶干"即五香豆腐干。

"盖网"①横池一亩余，成筐分得几多鱼。

姜葱煮熟银梭味。真觉仙人也不如。

注："盖网"立在塘内，长可一亩，犹如篦子，鱼虾蹦跳鲜能逃也。此鱼隔年夏季，买苗长成，乡人此时不费钱买。

洗清笼屉作糍粑，炒熟亲藏玉米花①，

分罢儿童言吉庆，团圆结果是农家。

注：①玉米花，即北方所谓苞谷熟炒开花。

门神对字与花笺①，贴了高墙就过年。

等待烧香齐下拜，先人接到在堂前。

　　注：①花笺以红纸刻花为之。以前门神对字与花笺，贴上门框方为过年。

先查"日历"①哪方成，顺着弯塘去"出行"②。

等到天明高兴极，迎人喜鹊两三声。

　　注：①"日历"，安徽潜山民间风俗，多数人家在年前必购有此书。

　　②"出行"，此以为第一次外出也。

年饭酒阑没事情，堂前赌博闹纷争。

吾人只靠"桩兜"①坐，闲话年成谈到明。

　　注：①"桩兜"，松树所砍树兜。都是夏日为之，晒干冬日用之。

儿童喜气打灯笼，辞岁高呼小院中。

压岁无钱抓豆算，识他南北又西东。

云开初一艳阳天，初四初三好拜年①，

清磬一声先拜祖，高呼相好到堂前。

　　注：①拜年先拜祖。香柜置有铁磬，轻敲一声，然后下拜。

村前正唱采茶歌，百副花灯未算多。

狮子蚌精相对舞，一班刚到一班过。

[解读] 自1937年底回故乡潜山之后，张恨水从此再未回去过。晚年他一直居住北京，但从未中断对故土的思念。这首组诗即是他对故乡潜山春节风俗的叙写，依依乡情溢于言表。此诗未公开发表，后收入1993年3月北岳文艺出版社《张恨水全集》之《剪愁集》中。

二、散文

桂窗之忆

中国文艺谈桂者，曰小山丛桂，曰三秋桂子。苏州留园曾立一太湖石小山种数十老桂于其上。即以小山丛桂榜之。皓月横天，凉风扇露，曾于其间徘徊数夕，良不欲去。三秋桂子，则词人咏西湖者，予数次游杭，均非秋季，殊不能想象其境界。四川新都，桂湖公园，曲水回廊，小山倚榭，有老桂一二百株，八月之间，香闻十里，予至时，乃在初夏，则亦绿荫遍地，不得受木樨香也。平市街头，近有盆桂出售，盖冬青接枝者，殊非珍品，观物驰怀，思以旁及，乃联想及予之桂窗。

予潜山故居，传五代，子孙繁盛，传及予身，乃得其中之数椽。有一室，为祖姑绣室，予因营为小斋。斋老，黄土砖墙，白粉剥蚀成云片。无天花板，覆以篾席，席使净无尘，作古铜色。南向一窗，直棂无格。予以先祖轿上玻璃上下嵌之，不足则代以纸。凡此，均极简陋，然窗外为三角小院，围以黄土墙垣，终年无人覆之，苔长寸厚。院中一桂，予祖儿时手植之。时则亭亭如盖，荫覆满院，清幽之气扑人。七月以后，花缀满枝，重金匝翠，香袭全家。予横一案窗下，日读线装书若干册，几忘饮食，月圆之夕，清光从桂隙中射上纸窗，家人尽睡，予常灭灯独坐窗下至深夜。三十年来，不忘此境焉。

抗战初年，予由京归里，知此院为他房所承继，以桂不生产，砍为薪，院则饲豚，并青苔不复得。是知风雅事，实不及于农村。古来田园诗人，每夸农村乐趣，固知谎也。

（原载1946年9月27日北平《新民报》副刊《北海》）

故乡的小年

江南人有个过小年的习惯，那日子是腊月二十四。由江苏安徽江西而上溯，都有这个习惯。我不知道两湖的情形怎样，我对于故乡的安徽小年，有着深切的印象。

冬日多晴，太阳晒在田野上黄黄的。稻田里冬季种麦，麦苗长得像嫩韭菜，远望已是一片青，近看却是一行行的绿线。这不能说是草色遥看近却无，但也很有意思。乡下人穿上有七八年历史的布棉袍，也穿上了袜子鞋，小孩儿提着竹篮，大人托着长托盘。盘子里是纸钱香烛鞭炮，茶酒斋饭。木托盘里是鸡肉鱼三牲。在那鸡子黄似山头太阳光下，冲着麦田上的晚风，轮流着去上祖坟。拜祖坟的意思，是请祖先回家过年。的确，他们是真请，做到祭神如神在的姿态。晚上，掩着大门，挂上两个红字灯笼。假如屋子是四进，四进门的堂屋门都敞着，好让祖先成群进来。最后一进客屋是神堂，香烛三牲，再祀祖一番，由大到小，依着辈分，年龄磕头。最后，是饱啖一顿了。其实，这也就是全家的目的，尤其是小孩，真有人在前两天就算计着这顿吃的。当吃咸萝卜喝红米国粥的时候，想到小年夜的大块肉，就多吃两碗。

每次领导我们磕头的，是大五房的大叔。最近，他过世了。他不迎接祖先了，成了被迎接的新客。我最近一支的男长辈，已经没有了。领导磕头，应该是小二房的大哥二哥和本房里的我。在过年制度里，我们升了级。照说，这是一种荣耀。而仔细的想，这是一种人生的悲哀。虽然我没有在家过年，我遥想着今年领导磕头的二哥，在斜阳麦陇上走的时候，那情绪不会是快乐。

（原载1948年2月3日北平《新民报》副刊《北海》）

我家不换春联

我的大伯祖父，性情有点像我。其实应当转过去，说我有点像他。我之不像他处，就是他能喝酒，我不能。他脸上有麻子，我没有。我祖父作到二品顶戴，官不算小。可是大伯祖出入制军巡抚之门，为座上客，却是个布衣。这一点，我非常之佩服也。

佩服他的，不仅是我，我大小几房，全如此。他有一肚子诗文，一笔好字，全因他早年落水在小孤山下长江里消逝了。家里所留下的，只有他为各房所写的春联与神位。也因为只有这一点，我们家子弟，对此特别保护。到了过年，别家换春联，我家不换，只是把堂屋门上及祖先堂上的春联，用柔软的手巾，轻轻地扑去灰尘。这事情是每年大除夕正午做，而且推一位长辈的人去作。

祖先堂上那副联是"孝友传家书百忍，文章华国鉴千秋"。堂屋门联是"欲知世味须尝胆，不识人情且看花"。早年，我欣赏后者，后来，我欣赏前者对得太工整。是姓张的人，决不反对我的这话。

我老家的屋，经过八年抗战而不坏。春联也存在。今年，我家闹了个"六出祁山"与"九伐中原"。屋子有点靠不住，而危燕处堂的春联，其命运可想。又逢三十，我为那大伯祖的墨宝祝福。

（署名"旧燕"，原载1948年2月9日北平《新民报》副刊《北海》）

清福

有人集古诗为联曰：无事此静坐，有福方读书。此种旨趣，殊不合于现代人生观。然而吾人真有此种境地，岂非大幸之事。犹忆三十年前，丧父废学，乡居就食。老屋数椽，后负高山，前临草塘，自辟斗室，为闲坐读书之所。室中绝无粉饰，惟有一窗，匝以小院。院中左有芭蕉六本，为家人代鸡鸭谋息荫地者。右有古桂一株，则祖考所手植。予既来，驱逐鸡鸭去之，代之以水缸，中养山鱼十余尾。院中经月未有人至，绿苔长至寸许，蒙茸如绒毯。于是放卷偶瞩，则左右上下，一望皆绿。虽乏花香，饶有清趣。此心易定，读书便多。日午鸡鸣，家人来呼午餐，青菜黄米饭，可尽三器。因久坐不欲便观书，则出柴门，绕麦田负手闲步。麦中藏野雉，往往惊而突出，突扑向后山飞去。每值此事，恒觉诗情画意，荡漾不止。麦田外有种荞麦油菜者，一片郁郁青青之中，略杂红黄一二亩，亦甚调和悦目。随步而行，忘路之远近，直至山脚溪边，不愿跋涉，始沿堤绕道而回。入门不无小倦，则伏案饮清茶半壶，依旧观书。至黄昏不能见字，乃在前门草塘水柳之间，苍茫暮色中，望远小立。晚餐后，观书甚少，或与家人闲话，或与叔伯辈下象棋二三局，约初更后，即灭灯睡。明日日出，自然清醒欲起，更理常课。以上所述，虽非日日如此，非大风雨，或有人事，亦未尝不如此也。

笙歌之地，酒肉之乡，乐则乐乎。过后则倍增人今昔之感。若读书静坐，及清风明月之乐，事后思及，则只觉其神往耳。而今而后，未知有独坐老桂窗下之日否？谓此为清福，则吾极端承认之也。

（原载1927年4月12日北京《益世报》）

潜岳引见录

安徽简称曰皖，盖得自皖山。山在省会安庆西北角三四十里，拔海四千五百余尺，为大别山之一支峰。志称是峰曰天柱，又曰小南岳，亦曰潜岳，实则潜岳当也。国内称天柱山者非一，是名易混。若曰小南岳，则似拟于衡山而小之。然湘皖路隔千里，无可联系，且拔海过四千尺，亦不得谓之小。以予所知，皖山最高峰周围数百里，山峦起伏，统曰潜山。山下有潜水二，合而成皖水，出石牌入扬子江。又山麓有城，为古舒州之梅城镇，是为潜山县。凡此山水城廓，皆曰潜山，而山之最高处尊曰潜岳，固适得其宜矣。

予潜山县人也，家住山东麓之丘陵地带。天下名山，近在咫尺，本当一丘一壑，无不烂熟。顾予少随祖父宦游，鲜返故里，壮又以糊口奔南北，仅十载一省庐墓。故家居胜地，而予反少闻知。半生涂鸦，遂未尝一叙吾乡之潜岳。潜岳所产之卖文者，竟无文叙其潜岳，真负此名山矣。虽然，予不文，未能述及，固已，何海内文艺弄笔之士，亦皆未尝言之乎？是则此山厄运，明清以来，其胜迹为人渐渐荒疏将及三四百年，今无人发潜德之幽光，乃更与世疏耳。

　　民国二十六年冬，予离京西上，送妇孺回故里。因欲日在收音机内得少许时局消息，乃弃乡而居县城。会做客在外者，陆续归梓。邑僻城小，友好咸集，群居无事，日夕以聚谈为乐。偶及吾乡潜岳，均谓雄伟壮丽，乃不为世所知，堪呼负负。而谈时有父老在侧，则更张点山中神话，有若仙境。予固尝小步城头，见北郊群山迤逦中，有高峰若数指直竖，出入云天，证人所言，知山必有可观。而邑令张君，遍仕南北多省，向予称是山，亦倾倒备至。会合闻见，实堪神往。顾予在京时，积劳成疾，时犹未能健饭，遽欲攀藤附葛，高登峻险，势有不可。友有知予之情者，乃为之划策，可乘车至山麓西南角之野人寨，向山遥眺。且由此以北，山峰夹岸，大河曲出，风景亦至宜人。有此一行，虽不得肉，过屠门而大嚼，亦足快意矣。予心动，决力疾以遂此愿。孟冬某日，旭日行天，朔风不起，气候至适，客正有结队作探山之游者，予乃附队乘人力车北行二十里，以达野人寨。寨在潜水之东岸，人家二三十户，聚居谷口，村绕以墙，一门司出入，行人右行阻于山，左行阻于水，必经是寨，始可前进，故形势乃至扼要。倚寨望对岸，山峰由北曲折南来，与此峰群山，层层合抱。潜水宽约里许，沙明水净，微波澌澌有声，由两山之麓南流。野人寨之谷口，则恍如一葫芦卧地，而由口中将水吐出也。西岸松竹幽森，罩山如九曲之翠屏，其中有鸥角微露，为道观白鹤宫。宫正对此岸之天柱寺（俗名三祖寺），一僧一道，若夹卫此林泉者也。寺本皖中名刹，大殿毁于洪杨之役，配殿数幢，位于寨东之一峰上，予以此行至少必探是寺，乃策杖拾极，作步步为营之法以东行。寺所踞之一峰，西面潜水，友峰于东南北三方拱抱之，形势固是不恶。倚峰头长松下展眼北望，大别山诸峰，层层堆叠，烟云缭绕，气象万千，竟疑越此即通天矣。寺中佛像，虽均具体而微，而皖中人之朝山者，成群结队，恒不远数百里而来。予来日，进香之期未满，松风泉影中，闻鼓吹时作，犹遇朝山之辈数起，寺峰北麓，有洞屈曲乱石中，西下入潜水，即来自潜岳之泉。傍洞有悬崖，赤石嵯峨，遍刊真草隶篆之题字，其出自唐宋人手笔者，官衔岁月苔藓未能尽掩，犹历历可指。故老相传，是处名石牛古洞。今日所见，惟有题字之崖，山川变幻，想洞已湮没矣。

探山游侣，周览字崖后，则相率沿寺北之山梁上进，予目送鞭丝帽影，没入翠微，乃甚叹为病误此良机，时有家人在侧，若甚解予之不快，乃扶予下山，顺河岸大道北行。语之曰：此亦足游目骋怀也。

予初漫应之，姑行数十步。及翘首前瞻，但见山穷水复，人在一盆谷中，似已无路。再进，则夹河山峰渐渐舒展，行路一曲，面前豁然开朗，又成另一山围水转之地。是比之三峡，固彼险急而此夷坦，即比之富春江，亦觉彼纤秀而此壮丽。佳哉，故乡有此山水，予乃于此日始得之。即不登潜岳，予已饱尝一脔矣。

越二日，探岳者归城，则又相聚而谈，各陈所见。据客云：由天柱寺东北上行二十五里，先抵佛光寺（俗名马祖庵），一路溯河行山麓者半，顺山登极者亦半，松杉夹道，流泉四出，落叶封途，残霜积涧，愈进则境愈寂。息肩少立，回顾则人在环谷中，归路已无。但前望潜岳，为当面之峰头所阻，反不可见矣。寺在半山，前有小谷，天然为留客处。是地原本荒凉，经僧人十余年之努力，修路建屋，足可小驻游踪。实则此去县城五十余里，行人至此，亦不得不借寺院托足也（寺有屋百余间可容大队游客。且屋宇整洁，素餐丰富，亦为深山中难得之地）。寺后为潜岳正山，峰峦插天，回环作俯瞰状。初来客，可求寺僧引导，或向之索路引。然后负粮扶杖，出寺仍东北行。游径初不直趋正峰，但依古迹所在，曲折向上。途中名胜共二三十处，不能尽书。举其最者一线天似华山之千尺幢，削壁中裂，缘缝而登。画眉架又似华山之猿见愁，直崖微倚，须手足并用而上。丹灶苍烟似黄山之硃砂峰，一柱迎天，微作赤色。剪子坳似泰山之南天门，山梁高起，下临无地。至黄山之石，泰山之松，庐山之瀑布与云雾，莫不俱有，有且甚多。尤奇者翻山越岭，将抵绝峰，忽四山外闪，中落一坪，方圆十余亩。坪有池，活水粼粼，中有寸许之鱼，似鲇而色微黄。鱼多甚，随手可拾。但携之下山，则为日光所曝化，是又庐山天池之龙鱼矣。

马祖庵至此，凡又二十余里，足登万级，天风扑人，虽入盛暑，尤可衣棉。马祖庵之温度，固未有超过八十度者，登此则尤寒，苟入中秋，即不难得雪。越此坪，而登小石山，达三步两道桥，有石板架两石峰上，故云。人达桥上，为山路尽处，不得再进。对面为潜岳主峰笔架尖（亦云笋子尖，皆以形取名），下临绝望，但觉云霭沉沉，不得飞渡。而其上石壁峻峭，若瘦小之金字塔，双剑倚天，拔地万仞，亘古以来，未有足履其地者。桂林独秀峰，一柱突起，奇矣，而太渺小。在华山南峰横空栈，望对堑秦岭余峰，情境险骇似矣，而又无此神奇。客述至此，口讲手画，取喻种种。然甲客言之，乙客觉其未尽，及乙客言之，丙客所见亦然，总之，凡称山之好形容词，潜岳固尽有之矣。

客所谈既多，辄以国人未掘此天地之奇为憾。以予为书生且为新闻从业员，则相约兵革之后，当摄影撰文，为此山出一专集，而由予策其成，邑令鄂人，且言苟有此日，彼任居何地，将不惮千里以襄此盛举。呜呼，是则是山之所以动人者，岂无以哉？后此半月，予西上入川，抟沙一散，旧时游侣，皆不悉一一何在。而岁月蹉跎，予所以许名山而将为之宣扬，亦不知将在何日。岁至云暮，客舍凄其，怅念故园，几废梦寐。适旅行杂志社来书，嘱为十五年特大号作文，遂略藉机缘，为潜岳作引见录。引见者，引以见国人也。客有疑吾言者乎？安庆附近人士，皖万字音无别，俗称潜岳为万山，甚多神话。苟试向皖中人一询万山，彼亦必怂恿客不妨一游也。中国旅行社将来如有意开发此山游览，予固乐为之助焉。

（原载上海《旅行杂志》1941年第15卷第1号）

杨小楼系安徽潜山人

——潜山出伶人子孙均入燕籍，三十六把黄龙伞尽上戏台

夜深得客老电话，询以曾观刘宗杨剧否？谓其绝似外祖，不仅扮相云尔也。因此，乃忆及杨小楼矣。杨，安徽潜山人，去岁于其收徒时，晤于中央公园水榭，问及籍贯，杨云：家在王家河不远，但生平未回故里耳。因大喜，谓不期于此得见名同乡。意颇欲有所请益。顾杨有嗜好，老而弥笃，拜师之席未终，即匆匆去。愚在平将二十年，甚少入梨园子弟人家，遂未复晤。

愚尝有一闲章，文曰程大老板同乡。长庚盖亦潜山人也。唯其后人有两支，一作官，今讳言程后，潜山亦别作泉山。官果贵于伶伎？予深鄙其陋。一仍习伶业，名小生程继先，即长庚之孙也。程家在潜山西门外，在乡时，于其后人不无往返，对大老板掌故，颇知一二，他日当详论之。至杨小楼，予一向认为系怀宁石牌人，恒少注意其家珍。今既知为同乡，他日回故里，或可访得其祖父一二逸事也。（小楼之父曰月楼，与程齐名。）

昔有观潜山风水者，谓该县出三十六把黄龙伞。但龙气不足，

将流于假。于是至清中叶，业伶者群起。戏台上故多帝王，潜山之黄龙伞，遂尽走上戏台。远者曰：五代干戈小戏场，真假帝王，久暂之分耳，何憾焉？此事固迷信不足道，然颇趣，附录于此。据旧京潜山人调查，昔四大徽班北上，伶人十之八九为安徽籍，潜山人尤多。百年来，其子孙流寓北平，因职业所系不能归，最近一代，则多入燕籍，盖数典而忘祖矣。

（署名"我亦潜山人"，原载1936年6月14日《南京人报》）

三、小说

天明寨

第一章　两个壮士跳跃而出

在满清咸丰二年一个冬天里，汉族人亡国，已经有二百年了。经过了这样久的时候，人民拖着辫子剃了青光的半边头皮，以为是当然，并不知道这是有违原来面目的。安徽潜山县一个乡村人家，立着黄砖墙的堂屋，太阳由天井里斜照到堂屋正中地皮上来。一个三十多岁的汉子，左手抱住他的头，右手夹了雪亮的剃刀，正在他头皮上瑟瑟的削着头发。靠左一个长了五寸长胡子的庄稼人，拥了一件翻白色的蓝布棉袄，两手捧了个泥火炉子，坐在房门门槛上。

第十三章　百忙中灯下看新娘

（汪学正）看到上面堂屋里点了灯，而且有四五个粗人在那里，天井里却放了一乘软篮（注：软篮，是潜山的特产，以篾编之，状如一篮，长六尺，宽尺六七寸，深如之，中置被褥，人卧坐其中，以两杠抬之走。此物，夫可抬其妻，兄可抬其弟，易轿则否），墙上挂着两盏亮灯笼，蜡烛兀自未灭。软篮上，还搭了一块大红毡条，看到这些，胸中就不免一动。

[解读] 《天明寨》最初连载于1935年1月1日至1936年7月1日的《中央日报》副刊《中央公园》，其写作背景是全面抗战爆发前夕。国难当头，张恨水在这部小说里借太平天国这一重大历史事件来回应现实。正如他自己在《写作生涯回忆》（人民文学出版社1982年6月版，第58页）里所说："开始，我是无意在《中央日报》写稿的，因为我不会党八股。那时总编辑周帮式，是《世界日报》老同事，再三的要我写，我就只好答应下一篇。为了适合人家的环境，我写的是太平天国逸事。那几年，我特别喜欢看太平天国文献，所以有此一举。这书里说了许多天国故事，还很能引起读者的注意。"这部小说的意义与价值，正如朱周斌先生所论述的那样："（《天明寨》）的内容和动机决不像张恨水轻描淡写的那样仅仅是为了写一些'逸事'；由于其写作内容主要是关于乡绅如何组织队伍的故事而可以理解为它隐约地提倡了一种尚武精神，不妨说它具有强烈的时事针对性和讽喻性……因为小说中涉及了地方武装保卫地方这一重要的历史现象，而这一历史现象同张恨水当时想要回到家乡去'打游击战'抗日的心理正好契合，从这个角度看，《天明寨》确实在一定程度上是同'抗战'主题相关。""无法回避的是，张恨水的小说中确实有这样一部非常特别的关于'乡村世界'的小说。"（《张恨水作品中的乡村与城市》，中国电影出版社，2015年6月版，第44页。）

秘密谷

这部小说于1933年1月至1934年12月连载于上海《旅行杂志》第七卷一期至第八卷十二期。从整体上看，《秘密谷》是一部以其家乡一处风景名胜天柱山为背景所叙述的一次虚构之旅的小说，以一个想象的"世外桃源"而展开其全部的故事内容。小说描写了一失恋的青年康百川和朋友（生物学家、地质学家和诗人）组成探险队到安徽潜山的天柱山探险，在深山中发现一处传说已久的"仙境"，其中住着明末避乱的遗民后代。

[解读]　张恨水曾说："借着这些人，可以象征一些夜郎自大的士大夫。后来那个国王出来到南京，拉洋车死了。因为不会干别的。"（张恨水《写作生涯回忆》，人民文学出版社，1982年6月版，第50页。）

目前，学界认为"该书讲述了一个现代桃花源的故事，作家以乌托邦的方式展开了一场传统与现代的对话，集中抒发了作家的一种疏离于现代的文化乡愁。"（耿传明《来自"别一世界"的启示——现代中国文学中的乌托邦与乌托邦心态》，南开大学出版社，2014年版，第283页。）"张恨水通过将一个想象的'桃花源'还原成一个停滞在明代的村落，有力地向我们呈现了'乡土世界'——一种几乎没有诗意的乡村世界——展现了中国社会的某种'真实'。"（朱周斌《张恨水作品中的乡村与城市》，中国电影出版社，2015年6月版，第299页。）

游击队

小说于1938年2月1日至7月8日在《申报》汉口版连载，描写了某县城小学教员余忠国，被迫拿起武器，担任游击队长，组织农民刘五、孙孟刚、程步云等父老乡亲，和日军汉奸打游击战。

[解读] 小说超越了张恨水以前的"国难小说"，言情已经退居到陪衬的位置，甚至完全消失，他努力用"真实"来代替趣味。另外，他在小说中贯彻了民众至上的思想，有意歌颂非政府组织的游击队，以致引起政府不满。

潜山血

这部小说撰写于重庆，1939年1月20日开始在香港《立报》连载，未完。故事情节如下：

1938年6月，日军逼近潜山县城，潜山成为抗日前线。为了减少百姓牺牲，县长要求城内居民在6月16日下午六时之前，坚壁清野，出城躲避。由平津撤退回到故乡的大学教授梁作才虽百般不忍，也不得不含泪出城。梁作才全家和大量逃难的百姓一起，在凄风苦雨中向大山上逃去。在半山腰歇脚时，梁作才偶遇老同学黄自成和一个青年农民张前干，三人一番对话后决定组织游击队抵抗日军。三人的爱国精神和抗日宣传感染了同样上山来逃难的农民，当天夜里游击队成立，梁作才被推举为游击队头领，众人纷纷歃血为盟。

由县城逃到山上来的百姓带来了潜山县城沦陷后流氓汉奸横行的消息，梁作才、黄自成等游击队员利用地形和天气，破坏河堤水淹县城，打击了敌人的嚣张气焰。返回路上，意外遭逢抢劫归来的日军，游击队员突袭了日军，解救了被俘的几个良家妇女，其中一位曹氏是本地大乡绅曹敬德之女。曹敬德上山来感谢梁作才等人对女儿曹氏的救命之恩，表示愿意向游击队捐助几十担粮食。但由于曹家所捐之米粮在山下离公路较近的家中，具有一定危险性。游击队决定当晚由黄自成带领游击队员和挑夫下山挑粮。众人冒险穿过日军封锁的公路，来到曹家大院，因曹家粮仓漆黑，有队员烧起柴草照亮，黄自成急于完成任务未加制止。谁知众人刚挑着粮食离开，忽见曹家粮仓起火，终被烧毁。此事埋下当地乡绅对游击队的不满情绪。

梁作才打算与正规军联络，大家遂公推梁作才和张前干同去寻找正规军。梁、张二人在岳西见到参谋长和军长。军长希望游击队能做出点成绩以证明自己的能力，参谋长提出希望游击队可以去破坏余家井河上的木桥，切断日军交通。任务极为艰巨，但梁为了取得信任，依然咬牙答应。从军部出来，二人深知此次任务凶多吉少，但都表示不怕牺牲。回到山寨的第二天，梁作才向黄自成托付后事，以免自己牺牲后游击队被毁。黄自成为梁作才小分队精心准备了所需的人员、武器和各种装备。

当晚六点，梁作才集合队伍下山。众人冒雨前进，终于烧毁余家井木桥。然而火光引来敌人射击，游击队员牺牲惨重，张前干身重两弹壮烈牺牲。梁作才带领剩下的战士返回。第二天梁作才向余军长复命，获得嘉奖，带回军饷和委任状。游击队从此成为国民政府任命和领导的正规抗日游击队，梁作才任司令。

由于日军逐渐包围了大别山区，前来投奔游击队的青壮年增加到一千多人。游击队除了不停下山袭扰日军，也经常到处寻找粮食供给。由于游击队的存在导致敌人不敢再继续下乡骚扰百姓，原先四处避难的乡绅也得以回家，然而家中物品被敌人抢夺一空，粮食也被游击队挑走，乡绅们对游击队的不满日益增加。几位乡绅到县长处状告游击队为祸乡里尾大不掉，新上任的曹县长昏聩无能，与之协商解决游击队的办法。（杨惠缩写）

[解读]　这部小说是以张恨水弟弟张牧野和张仆野在家乡潜山组织游击队抗击日军的生活为原型创作的，当时的统治者认为这篇小说夸张了游击队，那是和他们的政治作风不相符的，所以小说被腰斩。小说虽未写完，但却从一个侧面反映了抗战时期潜山的民风民情。

[总评]　中国是一个家园故土意识极为浓厚的国家，似乎每一个人的背后都牵扯着一丝血脉，直通精神上的原乡故里。故乡之"根"即是一个人自我身份认同的最初的起点，正如西人所言，"知道我是谁，就是知道我站在何处。"在古典思乡诗词中，游子们的心念之事终于回归故土，他们在"离去—归来"的言说模式中重复着自己的返乡寻根之旅。但是在近现代中国社会的急剧转型中，古老的故土观念逐渐被撕裂开来，越来越多的作家自愿或者被迫踏上延续性的漂泊旅途。在这种现代性言说语境中，现代文人已然不能践行"离去—归来"的行动轨迹，而是在"离去—归来—离去—离去……"道路上越走越远，他们成了无所依的一群，张恨水便是其中的一员。但是，张恨水不甘于自己寻根之旅的飘摇无望，他以创造"根"的方式，进行自我身份的寻回和重构，在其思乡的作品中，无论诗词还是散文、小说，故土之"根"从稳定、单一转而变为流动、多元。

不能否认，传统的故土情结使张恨水对故乡安徽潜山情根深种。"一作飘零客，风尘十四年。剧怜今夜月，犹似故乡圆"

（《今夜月》其一），"客久乡音改，家遥信息稀。一年更一度，输于雁南归"（《枕上偶占》），"谋生敢说聪明误，憔悴京华已八年"（《有感》其四），"吟诗我亦伤心客，怕过江南卖酒家"（《秋柳》其二）……这些诗句缱绻细密，满蕴一个游子对故乡的深切思念。但是，作为大半生都处于辗转漂泊状态中的现代文人，张恨水在其思乡作品中表现出对于飘摇状态的抗争和反叛。长时间的"北漂"生涯，使得张恨水改造"根"的具体写作实践，首先也主要表现在对北京这个"第二故乡"的描述与叙写上。抗日战争期间，张恨水避乱于重庆，他毫不掩饰自己对北京的思念与牵挂。如1945年3月所作的《山居偶得》中有句云："七年梦里居重庆，八路风前梦北京。"再如抗战胜利后，他在《禁夜市声》词前小序中提到眼前所视之北京夜景图"正是川居八年梦想境地之实现也"。1946年张恨水回北京，作有《重过北海》《北返杂诗·过东单》等诗，其中"重过""北返"等字词的运用意味着北京已然成为张恨水返归的终点。在这些诗词中，对于北京的思念以及祈愿返归的诉求，说明北京已经成为能给他带来强烈归属感的"根"之所在。

　　春节是中国传统习俗中一个重要的节日，是诗人形成身份认同、寻求共同心理诉求的重要时间和空间。1958年，张恨水作有组诗《潜山春节》（十首）。无独有偶，张恨水于1962年又作《旧京过年竹枝词》（八首），记录老北京过年之风俗习惯。从浅层次看去，张恨水既对故乡潜山旧情难却，又对北平情根深种，这也正是他改造"根"的艺术心理策略，是其"不觉忙年在客乡"（《冬日竹枝词》（其九））的真实写照。张恨水之"根"在延宕的基础上逐渐变得多元而丰富，除了北京这种较为明晰的"根"之所在，张恨水对自己20世纪30年代所居之南京，避寇乱之时乡居八年之重庆都有着异乎寻常的眷恋和深情，故作有怀念南京乡居生活的《忆江南》（十阙）、回忆重庆避乱生活的《冬日忆蜀中小村》（三首）等诗词。这些诗词的写作是张恨水经历现代漂泊体验之后的寻"根"之旅，也是他构建自我身份认同的途径之一。张恨水凭借自己深切的现代漂泊体验，突破僵化的故土情结，在辗转之中找寻身体和心灵的皈依之所，这种"不专情"的寻根之旅，正是现代文人寻找心灵慰藉之处与心灵皈依之所的生命实践。

传统的故土情结使张恨水对故乡安徽潜山情根深种，这些诗句缠绵细密，满蕴一个游子对故乡的深切思念。春节是中国传统习俗中一个重要的节日，是诗人形成身份认同、寻求共同心理诉求的重要时间和空间。从浅层次看去，张恨水既对故乡潜山旧情难却，又对北平情根深种。这种寻根之旅，正是现代文人寻找心灵慰藉之处与心灵皈依之所的生命实践的体现。（李遇春、邱婕《走在古今中西的诗歌交汇点上——张恨水旧体诗词创作论》，《南方文坛》，2017年第3期。）

由此可见，张恨水诗词中融入着现代漂泊体验思乡情，诗词如此，散文、小说亦同。

第二节 故乡足迹话今昔

一、我与张恨水

安徽潜山市政府所在地是梅城镇。梅城北二十公里有一座山叫天柱山，古时曾称霍山、潜山、皖山、皖公山，安徽简称皖即源于此。梅城边有两条河称前河和后河。前河又称潜水，流经梅城西门外，后河又称皖水，流经东边的余家井。天柱山山脉东南起黄山、下东山、凤凰山、太平山、彰法山抵市区。我就出生在天柱山东麓的凤凰山脚下。皖水余井段的西边是我的家乡，东边就是张恨水的故乡。我的大舅父王民先生是位中学语文老师，是一位张恨水作品的钟爱者，尤其是诗词，记得舅父能够将张恨水部分小说的回目背诵下来。还在读小学时就听舅父说起家乡出了位大名鼎鼎的大作家。只是在20世纪70年代很难读到恨水先生的作品。进入大学中文系后，系统学习《中国现代文学史》并有机会阅读了张恨水作品，发现张恨水的文学史地位严重缺位，立志要对此进行深入研究。之后，进入高校从事现代文学教学与科研，把张恨水作为自己的研究方向，也就因之与先贤张恨水结下了不解之缘。

二、黄土岭与黄土书屋

1993年中国社会科学出版社出版的《潜山县志》记载：皖水，又称"后河"。源于岳西县境内的黄毛尖和乌牛石大岗。从水吼镇割肚乡北部流入境内，自西北向东南，经龙潭、杜埠、余井流入梅城镇境内，自乌石堰过梅城至小市港，西汇梅河之水直下油坝，经怀宁县境至石牌与潜水会合入江。长冲河，从岭头乡最北部发源，经长春水库至余井汇入皖水。长春水库位于长江流域皖河水系皖水支流长冲河（又称亭子河）上游，在安徽省潜山市余井镇境内，距城区20公里，建于1958年。长春水库建立在长春湖基础之上，以前叫长冲，隶属白水寨乡，从山口向内有王庄、叶际田、花屋、东西徐老屋五个村落，在山嘴修水库，移民是逐步搬出来的，60年代先是叶际田花屋，一部分搬出山岗，一部分搬到当时吃水线以上，70年代，随着进一步蓄水，山冲里居民分散安置在整个岭头乡。

今日长春水库景区平面图（右下方为张恨水故居）

丁酉重阳节重访长春水库留影（自左至右：陈寿新，徐霁旻，谢家顺，
张晓斌）

位于长春水库小岛上的心远亭

　　黄土岭位于现潜山市余井镇黄岭村，这里环境清静、风光秀美，乡土味浓郁。张恨水故居位于潜山市余井镇黄岭村长春水库下，是张恨水青少年生活、读书和写作的地方。其祖建于清代，原有瓦房10间，院落一座，张恨水11、12岁时在此住过两年。以后又分别于17岁至22岁时，以及抗日战争时期，几度来故居读书、写作。在这被称为"黄土书屋"的老书房里，因常常秉烛夜读，而被族人和弟妹们称为"大书箱"。18岁那年，张恨水在黄土书屋里创作了他第一部长篇小说《青衫泪》，后来写作时常用"我亦潜山人""天柱山下人"等笔名。在其巅峰作《啼笑因缘》序中还特意落款"潜山张恨水"。屋中原有张恨水用过的赣州广漆桌子1张，瓷花瓶、瓷缸、瓷钵各1件，现收藏于潜山张恨水纪念馆。现（注：指2017年故居复建之前）黄土书屋仅剩一段鹅卵石砌成的围墙。黄岭村位于余井镇西北部，东与岭头居委会交界，西与松岭、天明两村接壤，北与源潭镇路口村毗邻。全村辖58个村民组，总人口5700人。

张恨水故居附近春天的田野油菜花黄

坐北朝南背靠张家山排的黄岭张家祖坟及碑刻
（上图为祖坟全景，下右为张恨水祖父张兆甲墓碑刻，下左为张恨水父
亲张联钰、母亲戴信华墓碑刻）

张恨水故居位于现长春水库脚下的黄岭街。此街原是从潜山市

城区至源潭的驿道，背靠张家山排，黄岭张家祖坟就坐北朝南位于张家山排山腰之上，与水库对面的蜡烛冲天（又称天明山、天明寨，半山腰曾有一石壁寺，张恨水以此寨为名创作了同名小说）遥遥相望，两山拥抱水库，风景极为秀丽。而徐文淑墓则位于祖坟左侧的一个山坳中，坟墓坐北朝南，视野开阔，整个水库大坝之下的平原一览无余。

徐文淑墓及碑刻

关于黄土岭，陈寿新《张恨水的那个黄土岭》（载2008年《散文百家》第四期）一文作了如下描述：

黄土岭其实无岭可言。相对于张恨水当年逃婚躲过的天明山、麻岭和隔川相望的十八里长岗，她只能算田畴间的小土包，张姓储姓杂居，形成长百余米、宽不足五十米的丁字形街道，一度在周边六七个自然村村民眼里，她是与日常起居密不可分的"黄岭街"，买咸盐、打酱油、扯布称糖、针头线脑一什与票证有关的东西，都得在"黄岭街"供销社进行，街上最有名的建筑，是"好拾公"一支建的储家大祠堂，在上世纪六、七十年代，改置为黄岭小学，张恨水祖居紧邻学校，这是属于张恨水的黄土岭，小学五年，我每天都要穿过金庄银庄李庄来"喝墨水"，小心的走过"操大塘"，"黄岭街"就到了，这也是属于我的黄土岭。

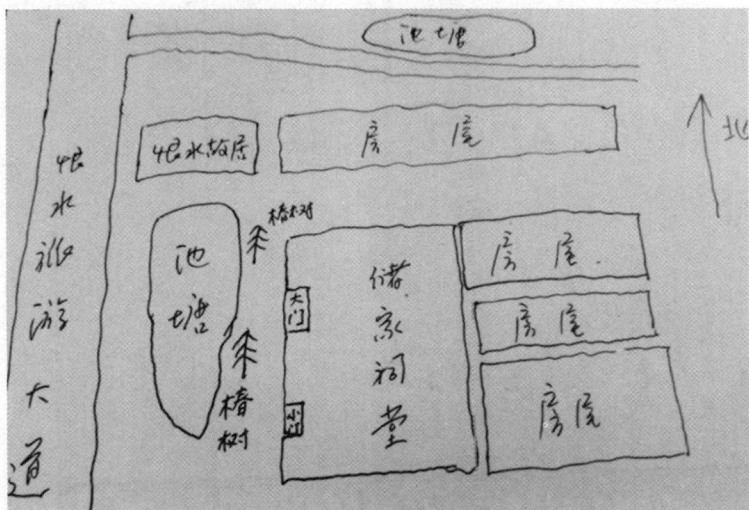

此图系黄岭街简图，为张恨水侄孙张晓斌所绘

黄土岭其实有岭，在街的西边，五八年修长冲水库（又称长春水库），取土挖成了水塘，父老称为"方子宕"。储家祠堂座北朝南，与街北的张家祖居仅隔青石板巷道相邻，大门都对着"窑塘"，我启蒙时祠堂还有戏楼，高高的台阶、粗粗的柱子，张恨水是不是也在这里念书、在戏台上唱戏，我们这些"毛泽东思想红小兵"不感兴

趣的，感兴趣的是戏台上表演节目道具红缨枪金箍棒，听大点孩子说，戏台某个角落还堆放"破四旧"收缴的古书和瓶瓶罐罐。

张恨水本人对此先后在自己创办的《南京人报》上发表系列文章予以回忆。第一是1936年5月23日的《华山绝险念念喘：二十年尘梦之六》：

予家住天柱山下五十里，每当天高日晶，碧空无云，翘首天末，见一峰笔削，如伸数指。

第二是1936年5月26日的《积闷闲谈快雨时》：

乡间老屋，后背山，前临一塘。塘堤多树，间有垂杨二株。雨时，树上瑟瑟然，如众乐同奏，尽去寂寞。屋后开一窗，对高峰如屏列。未雨之时，云气蒸腾，山渐隐蔽，有如银幕影展，顷刻万变。既雨之后，山光乍新，万绿倍鲜，而涧水淙淙然，随风俱来，虽米氏父子复出，不能绘其万一也。

第三是1936年6月17日的《乡居偶忆——生平清福之一页》：

犹忆三十年前，丧父辍学，乡居就食。老屋数椽，后负高山，前临草塘。自辟斗室，为闲坐读书之所。室中绝无粉饰，惟有一窗，匝以小院，院中左有芭蕉六本，为家人代鸡鸭谋息荫地者。右有古桂一株，则祖考所手植。予既来，驱逐鸡鸭去之，代之以水缸，中养山鱼十余尾。院中经月未有人至，绿苔长至寸许，蒙茸如绒毯。于是放卷偶瞩，则左右上下，一望皆绿。虽乏花香，饶有清趣。此心易定，读书便多。日午鸡鸣，家人来呼午餐，青菜黄米饭，可尽三器。因久坐不欲便观书，则出柴门，绕麦田负手闲步。麦中藏野雉，往往惊而突出，突扑向后山飞去。每值此事，恒觉诗情画意，荡漾不止。麦田外有种荞麦油菜者，一片郁郁青青之中，略杂红黄一二亩，亦甚调和悦目。随步而行，忘路之远近，直至山脚溪边，不愿跋涉，始沿堤绕道而回。入门不无小倦，则伏案饮清茶半壶，依旧观书。至黄昏不能见字，乃在前门草塘水柳之间，苍茫暮色中，望远小立。晚餐后，观书甚少，或与家人闲话，或与叔伯辈下象棋二三局，约初更后，即灭灯睡。明日日出，自然清醒欲起，更理常课。以上所述，虽非日日如此，非大风雨，或有他事，亦未尝不如此也。

第四是1936年7月15日的《夏村杂忆》：

北居多年，骤回南下，入夏辄不堪炎暑之威逼，其实曩昔乡居，亦复以为人间天上。久不曾度此生活，未知今日再作老农，所感如何。一雨如秋，夜窗多忆，拉杂记之。

柴扉之外，有楝树二株，下临池水。四月飘红花如桂蕊，异香扑人。至盛夏，树荫可半亩，移一榻坐门前，南风习习，辄复思睡。树下有洗衣石，村娃就浓荫捣衣，常扰人清梦。然此便是一首诗也。

村外四周为水田，入夜多蚊，晚间纳凉，不堪其扰。乡人拔田岸湿草成堆，燃火于上风焚之，浓烟缭绕，尽驱蚊去。农人赤背跣足，杂坐烟雾中，闲话咸同间事，每不觉夜阑。暗空中，有红火两三星，则乡人得意时，吸出旱烟袋上之烟火也。

村外有小河，乱石嵯峨，水触之潺潺有声。其深处作小潭，每临崖下，崖上有树，映水作碧色。日当午，约顽童二三，尽脱衣覆，沉浮水中，互泼水作战，发根根尽湿，真乐事也。

乡人爱惜寸土，悉以种稻，菜圃所收，时虞缺乏，于是多以野菜补不足。如菱由蔓，以盐浸之，可当咸菜。北瓜花和面粉，可当炒鸡蛋。北瓜蔓，去其硬筋，以青椒炒之，颇下饭。若再得豆腐干丝，则香脆无匹矣。

小暑立秋之间，禾长可四尺，于高处望之，一碧万顷，小径中，有牧童牵牛经过，白鹭惊起，直入长空，其境如画。

第五是1936年7月23日的《车水——告诉坐冷气间的朋友》：

日来苦热，因思及乡居时，农人车水生活，录之，以告住冷气间看电影的朋友。

吾乡居皖中，无井，以池塘储水。五六月之间，旱。农人乃架水车于塘沿，汲塘中水以灌田。水车有大小，小者长一二丈，以木格夹隔板于中，俗呼之为龙，龙头有两铁钮，各套一木拐。拐动钮转，节节引水上，此手车也。力巨者，一人可任之。大者龙长四五丈，木板以五六百节计。龙头支无沿之轮四或三，轮滚上有脚踏，人踏之而轮转车动，人不能凭空而立，则有一木架，作栏干状，农人扶而立之，以足车水。

日之午，骄阳蒸发田中水上升，热不可当。禾稻虽生水中，犹炎烧作青草味。村中大树叶，均萎靡下垂，狗卧树荫下，吐其长舌。水牛匿泥坑中，微露其首。车水之农人，则赤背跣足，腰围蓝短裤，车水不已。架上或支布棚，或不支。然支棚亦仅蔽日于当顶时。故皮肤焦黑，转作红色，胸前汗如蚕豆大，若巨霖之下滚。天愈热，需水愈急。俯视足下水，从龙口滚滚而出，则作哟呵之声以呼风，然风辄不至，人乃误农人为欢呼也。

车水工作，须半夜起，日入而止，农人立转动之车轮上，凡十余小时。家近者，可归餐。否则有妇人或童子，以竹筐送饭至树荫，呼而食之，食饭外，唯农人藉抽旱烟，得小歇。附近或无树荫，即坐水滨烈日中，于腰间拔旱烟袋出，将田岸上所置燃火之蒿草绳，就烟斗吸之。偶视同伴，尚作一二闺阃谑语，以自解嘲，盖除此外，亦无以调剂其苦闷与枯燥也。

第六是1936年7月29日的《耙草：献给避暑的阔人》：

大暑前后，禾长一二尺矣。莠草丛生，因田水而滋蔓。农人恐其夺稻禾之营养，则群起以耘草，最苦事也。

耘，吾乡谓之耙草，耙草有三次，则以耙第一届草，耙第二届草，耙第三届草分之。耙第二届草，时最热，太阳如狂火之巨炉，天地皆炽，耙草者，戴草帽，赤背。然背不能经烈日之针灸，则以蓝布披肩上，下着蓝布裤，卷之齐腿缝。与都市女郎露肉，其形式一，而苦乐殊焉。农人赤足立水中，泥浆可齐膝。然实不得谓之泥浆，经久晒，水如热汤，酿浊气扑人胸腹。水中有蚂蝗，随腿蠕蠕而上，吸人血暴流。更有巨蚊马蝇藏水草中，随时可袭击人肉体。耙草者一面耙草，一面须防敌人。身上不得谓之出汗，直是巨瓮漏水，其披在身上之蓝布，不时可取下拧汗如注溜也。

耙草所用之刀，如月牙，分长短二种。长者柄四五尺，可立而

038 此山 此水 此人——张恨水生活足迹寻踪（皖江篇）

耘之。短者柄仅六七寸，必弯腰蹲田中，伸臂入泥汤内，拨水潺潺作声。以阳光正曝人背，蹲久则周身酸痛并作。此项境遇，乡人亦有名词，谓之下蒸上晒。故耙草者，非一午休息四五次不可也。诗人以谁知盘中餐，粒粒皆辛苦形容农家之苦，焉能尽其万一哉？

除此之外，发表于1949年1月北平《新民报》的长篇回忆录《写作生涯回忆》也作了描述：

这屋子虽是饱经沧桑，现时还在，家乡人并已命名为"老书房"。这屋子四面是黄土砖墙，一部分糊过石灰，也多剥落了。南面是个大直格子窗户。大部分将纸糊了，把祖父轿子上遗留下来的玻璃，正中嵌上一块，放进亮光。窗外是个小院子，满地青苔，墙上长些隐花植物瓦松，象征了屋子的年岁。而值得大书一笔的，就是这院子里，有一株老桂树。终年院子里绿阴阴的，颇足以点缀文思。这屋子里共有四、五箱书，除了经史子集各占若干卷，也有些科学书。我拥有一张赣州的广漆桌子，每日二十四小时，总有一半时间在窗下坐着。

我为什么形容这个黄土屋子如此详细呢？这在我家庭，是有点教育性的。直到现在，我的子侄们，对于这书房还有点圣地的感想。提起老书房，他们就不好意思不念书。也就由于我在这里自修自写，奠定了我毕生的职业。

在1929年2月14日《世界日报》"明珠"上发表的《旧年怀旧》也作了描述：

　　先君弃养早，予方十七岁耳。奉母移灵归里后，予则只身负笈走江苏。惟两代游宦，皆不善积蓄，而叔伯辈，又挥霍过甚，以致家中资产，仅足供馔粥。予读书年须三四百金，窘无所出。客中初以卖文博微资，藉供膏火。然所需者巨、所获者寡，越年，卒不支，则辍学归里，闭户不敢出。因乡人认读书必作官或赚钱，不作官而耗财者，谓之曰败子。予向不与人作无谓之争，况在乡愚？以是埋头牖下，将家中断简残篇，痛读一过。除夕执《离骚》一卷，就烛读之。案上陈村醪一壶，火炉一具，炉上架瓦钵，中煮肥鸡烂肉青菜糯米团之属，且饮且食且读，不知酒之垂罄。醉饱已，则启户走门外平畴上，向天长叹。热泪涔涔，掬之盈把。少年时不得读书，其悲如此。今笔头所入，可读书矣，而时与势，又不我许。嗟夫，天寒迟暮，岂独佳人有此感也哉！

　　这大概就是"黄土书屋"的来历，也成了张恨水故居的代名词。

　　而对先祖之辈，张恨水也极尽缅怀之情，这些在不同语境下的怀念，与其说是其内心情感的流露，毋宁说是其对失去的乡村世界的书写与思考。

　　首先，是发表在1936年5月4日《南京人报》《小孤山下吊先人：二十年尘梦之二》，其文曰：

　　先伯祖父昔宦江右，岁暮归皖，至小孤山，大雪漫江，船覆随水而死。江流急，尸不可得，故愚家人有道经小孤山者，恒备酒浆，向山而吊。某年举父丧，乘长江大舢板至此。时已疏星照水，晚露横江，小孤山沉沉隐隐，在水色一天之间，缥缈如空中楼阁。山头凉月如丸，照见江流闪闪作光，如金蛇一道，自山底潜来，其景奇诡，有如幻梦。先伯祖父生前善画能诗，饮酒无量，窃叹其在天之灵，得凭式于此，亦无憾乎楼头少妇怕见花间矣。

其二，是1936年9月18日《南京人报》《阿斗先生惠存：百忍堂二十五年九月十八日不忍敬题》一文：

我的大伯祖父，是一位诗酒流连的狂儒，写得一笔好字。在我的故乡，几房老屋的祖先堂上，都有他亲撰亲书的对联。

关于我私人，三五两房共同的祖先堂上，他写的就是"孝友传家书百忍，文章华国鉴春秋"。上联是张公艺的典，他家九世同居。唐高宗问他何以能如此？他说：无论什么事，都给他一个忍。这位皇帝大为佩服之下，就送了他一个百忍堂的匾。下联是张九龄的典，他曾上过千秋鉴。自然我大伯祖父写这十四个字，是替姓张的夸张。

到了现在，我觉得这已不是姓张的一族，所独具的美德。现在中华民国的国民，谁家不能挂上这百忍堂的大匾呢。至于我们当新闻记者的，除了百忍而外，他还要写文章，虽不必一定千秋，但是华国是可以的。因为这个"华"字，不必读"华厦"的"华"，可以和"化"字同用，就说把中国文章化罢。一个国家，只是一篇文章，那也仁义得可以，大可以和上联相呼应了。

其三，在另一篇文章《我曾祖用的闲人》里，张恨水又对自己的家族作了如下的描述：

我的曾祖是乡间一位实业家。他种田、造林、养牲口、开槽房、染坊，并拥有一爿杂货店，事务多，出力的人自然不少，家里雇工多到七八十人。我祖父是个武术家，十四岁就在曾国藩部下当兵。偶然回家，看到雇工在大树荫下围了石头坐着打纸牌。他向曾祖说，似乎用的人工太多了，不然，他们哪有工夫打牌？曾祖说："我岂不知这些？这里面有些是饭桶，又和我沾点亲友关系，我不养活他们，他们更没有饭吃；有些是很调皮的东西，养活了他们，他们就不会偷我们的庄稼，坏我们的生意了。我祖父虽不敢驳回，却也怪我曾祖太仁慈。"后来他打了十九年仗，出生入死多次。因为不是湘军，天下太平，闲得几乎饿饭。直熬到六十四岁，以代署参军终其身。临终之前，他说："我父亲说的话是对的。人不能作坏蛋，就去当饭桶。不然，没饭吃。"（1939年3月9日重庆《新民报》）

而在《剑胆琴心》的序言中，则详细叙述了祖父对自己的影响：

先是予家故业农，至先祖父开甲公生而魁梧有力，十四龄能挥百斤巨石，如弄弹丸。太平天国兴，盗大起，公纠合里中健儿，惟获一乡于无事。无何，清军至，迫公入伍，公出入战场十余年，死而不死者无数。及事平，于山河破碎之余，睹亲友流亡之惨，辄郁郁不乐。而清室将帅病其有傲骨。不因巨功而有上赏，临老一官，穷不足以教训子孙也。恨水六岁时，公六十四龄矣。公常闲立廊庑，一脚跷起二三尺，令恨水跨其上，颠簸作呼马声曰：儿愿作英雄乎？余曰：愿学祖父跨高马，佩长剑。公大乐，就署中山羊，制小鞍，砍竹为刀，削芦作箭，辄令两老兵教驰驱射舞之术于巨院中。恨水顾盼自雄，亦俨然一小将领也。明年，公乃谢世，予虽幼，哭之恸。公有巨鞭，粗如人臂，常悬寝室中，物在人亡，辄为流泪。先父讳钰，纯粹旧式孝子也，睹状乃益哀，谓儿既思祖父，当有以继祖父之志。儿长时，我当有以教之也。盖先父丰颐巨，生而一伟丈夫。读书时即习武于营伍间，为不负家学者，而生性任侠，苟在救人，虽性命有所不惜。予稍长，读唐人传奇及近代侠义小说，窃讶其近似，受课余暇，辄疑之而请益。先父曰：予曩欲儿习武，今非其时矣，予宦囊稍补，当欲奔赴海外学科学也。卒不语。因之恨水于家传之武术，遂无所得。然灯前月下，家人共语，则常闻先人武术之轶闻以为乐。"（注：张恨水《剑胆琴心》自序，北平《新晨报》，1930年8月。）

今天，当我们站在长春水库大坝之上，满眼所见的水面底下，其实隐藏着一个张恨水儿时眼中及其成年后怀想、留恋的远去的乡村世界，这样一想，就不难理解张恨水为何如此痴迷黄土岭的山水与人事，并进而创作出诸如《天明寨》《剑胆琴心》之类的小说了。

关于张恨水故居的变迁情况，笔者多年来一直与现居潜山的张氏后人接触，并前往故居进行考察，了解了故居的演变过程。先后采访的有张羽军、张立学、张伍及张晴、张晓斌先生，桂力敏、张月西女士。

（一）基本情况

张恨水故居始建于清代，为清军江西南昌协镇张兆甲（张恨水祖父）旧居，原貌为四水归堂式民居，砖木结构，坐北朝南，皖西南民居风格。

故居风水特征：潜山素有"七山一水两分田"之称，有"皖国古都、二乔故里、安徽之源、京剧之祖、禅宗之地、黄梅之乡"美誉。为了祈求居安，当地人在建"宅"时十分讲究地理风水，让山形、地貌、风向和水脉等相得益彰、完美融合。

基本保存完好的黄岭张氏祖先牌位（现存于张祖望家）

优良的宅址附近一定要有"山"作为背景，而且不能是"孤山"，最好是一群连绵起伏的"群山"。"风水之法，得水为上"，"门前有水，财源茂盛"，人们普遍认为建筑大门迎水而开，面向河流的上游，往往表示财源滚滚而来，因此宅址对"水"很有讲究，其建筑几乎离不开"水"。潜山民居的一大特征，便是在大屋前开挖一眼半月塘，又称窑塘。从风水角度考虑，有水就有财，同时南方属火，须以水克之，以保家宅平安；又认为月满则亏，月缺则盈，所以只开半月塘，寓示着家族永远处于旺盛发展的态势。

另外，还讲究建筑与其他建筑之间的和谐，建筑与周围整体环境之间的和谐统一。因此潜山民居的建房选址通常是背靠绵延的青山，门前有着流动的活水，最好能够朝向好，光照充足，较为干燥，四周山峦起伏，但眼前所见之处却视野开阔。

具有皖西南民居特征的张恨水故居，屋后天柱山脉山势雄伟绵长，西侧是亭子河，门前古驿道旁一口窑塘并一畈开阔的稻田、绵延起伏的丘陵，视野开阔，风景秀丽。可谓一处绝佳的生活福地！

[考析] 潜山位于长江与淮河之间，建筑的风格受北方建筑文化影响较大，给人的总体印象是庄重、严谨，不像皖南徽州的建筑那样灵活多变。民居大多采用对称性布局，规整有序，这种布局总是在纵轴线上先配置主要建筑，再于主要建筑两侧布置次要建筑，然后组合成封闭性的四合院式院落，名曰四水归堂。

而当时聚居民居的基本格局大多是三进两厢，再外加左右跨院。以中间的大门为轴线向两侧对称展开，紧邻着轴线两边的是厢房，左右围以包屋（当地称"披屋"或"脚屋"），正屋与包屋之间有天井采光。包屋采用的是回廊式，正屋一般有三到五个房间，中进前后两个院落为四合院式，四合院根据整栋建筑特点而大小不一。一般来说，较大的庭院可栽花植树，小的就是一个排水天井。大型的民居则由多个三进两厢结构，横向连接而成。通常情况下，主人居住在正中位置正屋的二进之内。民居中兼具祭祀功能的堂屋均位于中轴线上，且置于最后一进的位置，以突出其无可替代的最高地位。

一般来说，民居的装饰特点受经济条件、自然环境、民风习俗等因素影响较大。潜山是山区、丘陵兼有，历史上经济相对落后，因而当地民居在装饰上简洁质朴，无论是建筑的用材还是彩绘与雕刻都相对简单，这与徽州建筑明显不同。明清时期的徽商可谓富甲一方，待衣锦还乡后往往大修宅院，内部装饰更是精美绝伦。潜山民居外立面是一式的青砖砌成，给人朴素大方的感觉。大门直接开在外墙或者向内后退两米形成"凹"字门廊，不像一般徽州建筑那样建有门罩。内隔墙和室内地坪多为土质材料，很少使用地板。

潜山民居内部空间的装饰，以二进的厅堂最为讲究，这里既是整个建筑的中心，也是家族举行重要活动的地方。厅堂的照壁以精工烧制的雕花方砖砌成，照壁上所题的"瑞日祥宝""耕读传家""光风霁月"是古民居主人的思想写照。两侧磨砖对缝，檐口下是一色斗拱，有的建筑上还雕刻有花草锦纹图案。

潜山民居是皖西南民居的典型代表，不论从民居的风水选址、居住形式还是空间布局、装饰手法、建筑风格都呈现出其自身独特的风貌。

位于黄岭街北的张氏家族聚居的建筑也毫不例外地体现了上述建筑特色。张恨水故居即是黄岭街街北张氏堂轩的靠西建筑，与堂轩相连的中间是张国权、张全野兄弟家，共同构成黄岭张氏家族聚居建筑的有机整体。自身粉墙小瓦，二脊二坡，三举架，坐北朝南，有回廊，一个排水天井，并有披屋，前有小院围墙，后有绕屋院墙，院中可栽果树、种菜。这种相对独立的房屋结构，既有耳门与祖屋的堂轩相连，又有耳门直达黄岭街，以及门前的窑塘，靠南的房子阳光充足，视野开阔，生活甚为方便。无怪乎张恨水对老书房会记忆犹新了。

（二）故居演变

据潜山《张氏族谱》记载，潜山张氏元末由江西九江府湖口县马迹岭迁至潜山梅城。

元代由江西九江湖口迁潜山张氏始祖华卿公墓碑，位于潜山市余井镇天圣村
张家冲板栗园中塘稍

　　至迁潜12世文祖（字泮采，号敬斋，聪明好学，文才出众）开始入住黄岭街（现称黄土书屋，即张恨水故居旧址），世称"张家老三房"。

　　从那时开始一直到迁潜13世三立（字伟人）、迁潜14世元垣（字宽扶），延续到迁潜15世启昆（字明玉，号昆山），启昆幼小随父母到陕西居住，父母去世后，启昆带着父母的遗骸重新回到老家黄土岭。老张家真正发扬光大从启昆公开始，开起了店面，经营钱柜，打豆腐，扯挂面，到后来，老张家成了有钱的人家，开始加盖房屋，这就是后来黄岭街的由来。张家房屋坐落街道的北边。这条街道是通往青草塥等外县的要道，老张家在那个年代就已经请了文、武老师，培养下一代。

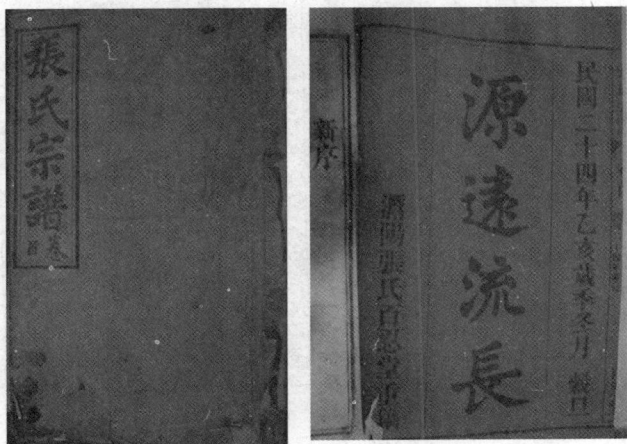

民国35年编修的潜阳《张氏宗谱》

至迁潜16世宗朗（讳一轮，字月台）生育三个儿子——瑞千、瑞林、瑞壁。宗朗因母亲早逝，成天以泪洗面，思念母亲，整日饮酒，四十多岁即离开人世。到了迁潜17世瑞林，张家更加显盛，继续加盖房屋，配备练功房及练功器材，瑞林三子张兆甲（迁潜18世，字开甲，号教书，又号黎卿，张恨水祖父）酷爱习武，后来成为赫赫有名的武功将军，张恨水自称的武门之后即源于此，张兆甲练武用的四个大石磨上世纪60年代"文革"前尚存。

在张恨水故居门前池塘左边的储氏浩拾公祠堂（位于黄岭街的南面，故居斜对面）建于清代，张恨水儿时曾在此读书，1949年后政府收回建成黄岭小学，现废。

20世纪70年代末期安徽潜山黄土岭故居

20世纪80年代末期安徽潜山黄土岭故居

2006年故居废前，后院尚存的鹅卵石院墙

2013年10月，张伍、张明明在院墙边留影
（左为安徽省文史馆工作人员、画家宰贤文）

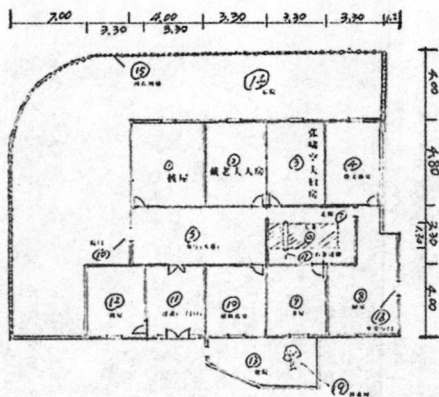

1938年期间的黄土岭故居平面图（徐霁旻绘）

1.披屋；2.戴老夫人房；3.张啸空夫妇房；4.徐文淑房；5.客厅（大巷）；6.天井；7.石条过桥；8.厨房；9.书屋；10.胡秋霞房；11.过道（二门口）；12.披屋；13.庭院；14.桂花树；15.后院（鹅卵石墙，院内有水池、枣树、柚子、桃树等，另有厕所、猪圈）

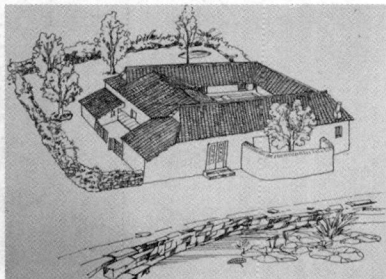

左：黄岭故居微缩景观图（张恨水纪念馆藏）
右：黄岭故居俯视图（黄明绘）

　　四水归堂式的张恨水故居10间瓦屋，20世纪50年代初土地改革时，张恨水故居的三间（南边第一间老书房，并列一间老厨房，中间有一门可直上堂屋，厨房后面一间张恨水和徐文淑新婚时居住的房间）分给了张恨水二弟张啸空（1937年病逝于北平）家，自此开始，张啸空夫人吴剑兰带着女儿张静君、张静娴和儿子张国威住在分配的三间房子里。张啸空家原来居住的房子（靠北的张恨水母亲以及张啸空夫妇住房两间加披屋共三间）分给了丁曰义家。

因张恨水母亲戴信华已于1949年去世，土改时，徐文淑、吴剑兰分别戴上了地主帽子。

耳门口、大巷本来是大家公共的，后来由于划清界限，也为各自独立居住，张啸空家与隔壁张国权（堂兄）协商，用100元买下小院子，作为进出通道，不再与丁家共一个门进出。小院子即张恨水书中提到的栽有桂花树的书房临窗院子。耳门口进门东边紧挨老书房的一间房子和披屋分给了徐文淑。之后，因徐文淑长期住在安庆，耳门口进门西边一间披屋后来分给了江波（邻村双河村人，抗美援朝复员后到黄岭生产队食堂当食堂主任）。至此，耳门口徐文淑的一间房子成了丁家、江家及徐文淑三家共享。大巷即私家小堂屋由于张啸空家退出，也变成丁家独享，这样丁家有独立房屋四间，并共享耳门口一间屋，偌大的院子除张啸空家一间房子后面的一点小院子外，全都成了丁家的。

左：拆废后的故居遗址
右：笔者2013年10月在故居遗址寻找尚存的屋基砖块

20世纪80、90年代，因房屋年久，加上张啸空家另建新房、丁家改造新建房屋等原因，原故居仅剩瓦屋四小间，至2010年代后期，故居已荡然无存，只剩那残垣断壁依稀可辨的故居遗址。唯一让人欣慰的是，小院内用鹅卵石砌成的半截围墙尚在，围墙上缠满爬山虎，唯有那围墙上爬山虎的青青的藤蔓仍显示着顽强的生命力，以及门前那半亩方塘，仍岸柳碧绿，池水清幽，荡漾着黄土岭那曾经的文气与灵气。

2017年在原址基础上复建的黄土岭故居

2016年，潜山县委县政府在原址基础上开始了张恨水故居的复建工作，至2017年7月正式竣工。复建后的故居展示了黄土书屋原貌和当年生活场景。现为安徽省级文物保护单位。

左：水缸　中：书橱　右：香油罐

左：炕柜 中：酒缸 右：石墩

据张啸空孙子张晴、张晓斌介绍，目前他们家尚保存1912年从江西带回来的三件物品，分别是水缸、书橱和炕柜（扁状，上面有盖，可睡一个小孩，长度一米三左右，宽七八十厘米，下面可装坛坛罐罐、瓜果之类），以及祖上使用过的香油罐和酒缸。他们小时还见过张兆甲练功时用过的两个石磨子，可惜现在已经无法找到了。令人欣慰的是，练功的石墩尚在故居旁。

[感想] 张恨水早年丧父，他那刻苦钻研、勤奋好学的精神，对文学的热爱和贡献，以及抗日救国的情怀，教育和激励着后人如何工作学习和做人，他是张氏家族的骄傲和楷模，其故居更是文学追梦者的朝圣之地。相信恨水故里定会将其打造成一张优秀的文化名片。

三、抗战期间张恨水家人黄岭居住情况

1937年底，因南京形势危急，张恨水从芜湖经安庆到潜山、汉口，于1938年初抵达重庆，入职重庆《新民报》。而此时形势则是：1937年12月10日，芜湖陷落，13日，南京陷落；1938年6月15日安庆失陷，6月17日，潜山县城失陷，至农历中秋前后日军方退出县

城。鉴于当时情形，1938年中秋后，由张恨水母亲主持分家并分开居住。黄土岭老屋分给张恨水、张啸空，新庄分给张牧野，单大屋（中山岗）分给张仆野。其时居住情况如下：黄岭老屋住啸空一家（啸空夫人吴剑兰带儿子张国威，两个女儿张静君、张静娴）及徐文淑、胡秋霞（张小水、张庆之母）；新庄（房子坐西北朝东南，两进，门前有水塘）北边住张恨水母亲与桂秋芳及子女张立学、张立人、张月葵兄妹（土改后桂秋芳及子女才回单大屋居住），临时住的是张其范一家，南边住的是张林野一家；周南刚回潜山先借住亭子河对面的邻村松岭村（原计河村）朱家冲亲戚家房子，除周南外，尚有周南母亲、弟弟周厚基、张二水、张全、张伍。周南带张全、张伍去重庆后，又租住黄岭村的储大屋。

摄于2008年9月30日的新庄内外景，新庄于2016年拆毁平田

摄于2008年9月30日的中山岗单大屋外景

[附注]　关于张恨水母亲戴氏，据张立学叙述，湖北孝感人，姓戴名信华，小名唤子、唤芝。1925年，张恨水将母亲及全家接往北京，1932年底因"一·二八"事变，战事紧张又将母亲送回潜山黄岭。至抗战全面爆发，期间，短期与徐文淑住元宁巷故居，抗战胜利后，张恨水母亲跟随张牧野先后在桐城（1946年3月至6月）、当涂（1946年7月至1947年4月）、芜湖（1947年4月至1948年底）生活过，安庆解放前夕，回到安庆曾短期住在牧野安庆孝肃路4号的房子里（1948年底至1949年4月由三儿媳桂秋芳陪伴）。安庆解放后，回新庄居住（1949年4月至1949年7月），因仆野夫人桂秋芳系张家童养媳，九岁就到了张家，长期与张恨水母亲生活在一起，直至1949年夏天7月在新庄去世。

四、关于组织游击队

申圣羽（农工民主党成员，张牧野先生夫人，已故）：

1938年春，张牧野到达武汉，找到农工民主党主席章伯钧。他们就如何投身抗日谈了一夜，认为空喊不如实干，忍谦不如迎头痛击。于是决定章伯钧回安徽省府，张牧野回潜山，吴建东回桐城，分头组织抗日游击队。

当年5月，张牧野返潜山时，途径岳西，恰好碰上二十六军进驻岳西。该军秘书长夏次叔也是农工党成员，夏便介绍张牧野与军长徐源泉联系。徐的部队不是蒋介石嫡系，蒋介石为了保全自己的实力，把他的"杂牌部队"推向抗日前线，但粮饷给养一概不管。当时，徐军长正为粮饷发愁。俩人交谈后，徐想借助张氏弟兄（张东野、张恨水、张樵野、张濮野及张牧野等）在安徽的"名气"，让张牧野出面请六邑绅士为抗日驻军解决粮饷问题，并支持张牧野回潜山组织游击队。不久，张牧野迅速解决了粮饷问题。于是徐军长批拨部分枪支弹药及两匹战马给张牧野，并任命他为潜山游击队第一支队队长，直接受二十六军指挥。在返回潜山的途中，张牧野目睹了一幕幕惨景：无辜婴儿身穿刺刀，妇女残亡与鸡毛猪皮混生蛆虫，处处断壁残垣，池塘中浮尸腐臭。他正患疟疾和喉炎，口渴难忍，想寻一口干净水喝也找不到。当他赶回老家黄土岭时，眼见人心浮动，怨声载道，于是他带病请来亲友樵野、张田野、张凯、操竹生、韩岗武、华护国等商量组建游击队事宜。当时四乡被保甲长指派为壮丁的青年百余人纷纷前来报名。不久，就发展到野人寨、水吼岭。但所有队员必须自带口粮。武器不够，自备土枪、大刀等，日夜训练，准备作战。

……

但敌寇易摧，内奸难防。丧心病狂的地主豪绅汉奸要附敌求荣；地痞要发国难财，他们紧紧勾结，向国民党专署要员讨好卖乖，造谣破坏，说什么张牧野组织游击队没有向当局备案。1938年中秋节清晨，张牧野刚从新四军驻地青草塥赶回，突然，几个陌生人佯传徐军长命令："请张队长立即到二十六军去，有要事相商。"话音未落，便将张牧野劫持而去。这时，场外枪声四起，游击队的枪支被缴了。

直到1939年2月底，农工党老同志邓昊明由广西调任安徽省第九区专员时，路经立煌（安徽省府所在地，今金寨）才得知张牧野被关押在第一专署，经省主席廖磊调查后立即下令释放。

原来，张牧野被劫走的那天，正是二十六军突然奉命换防的第二天。

（原题《张牧野和他的抗日游击队》，载《潜山文史资料》第二辑）

张立学（2018年1月6日上午电话采访记录）：

潜山抗日游击第一支队，张牧野任支队长，张凯任副支队长，张仆野（毕业于北平中国大学政治系，获硕士学位）任顾问、张樵野任总务，张方耀等跑交通。

黄岭距离潜山县城三十里路程，长春水库建成前，流经黄岭西侧的亭子河在余井老街背后汇入皖河。抗日战争时期，日本人来潜山之前，余井大桥是木头架的桥，为阻止日本人渡过皖河，由张氏（张仆野、张牧野）兄弟组织的游击队连夜把桥炸了。之后均由轮渡渡河，直至新的余井大桥建成。

张一骐（张牧野之子，现居厦门。2017年10月31日上午厦门张立学女儿张园家）：

迫于南京的紧张局势，1937年12月初《南京人报》被迫停刊，张恨水遂将家眷送至芜湖转安庆，年底又迁回故乡潜山，自己抱病暂避县城。此间，欣然接受潜山梅城小学校长聂志远与潜山抗日动员委员会的邀请，先后在梅城小学与圣庙明经堂作了题为"我们一定能取得抗日战争的最后胜利"与"国家兴亡，匹夫有责"两场演讲，对取得抗战最终胜利的多种因素条分缕析，慷慨陈词，极大地鼓舞了家乡人民抗日士气。

张恨水应邀演讲的梅城小学（现潜山县希望小学）

《南京人报》印刷设备则由张牧野负责用船运至武汉，年底在武汉会面并准备续办《南京人报》。孰料我父改变了主意，准备回老家组织抗日游击队打游击，望着我父亲及身边年轻的安徽老乡，伯父激情燃烧，当即答应带领大家回老家打游击！同我父亲相比，久经世事的恨水伯父思虑要周全得多，连夜给国民政府六部起草呈文。第二天一早，兄弟俩乘船到汉口，前往国民政府，长官接过呈文，答应3日内答复。返途中伯父对我父讲："咱一不要政府经费，二不要枪支弹药，只求上面能承认我们是合法的抗日游击队，以免同当地军队发生冲突。这起码的要求，政府一定会批准的。"

然而回复却是冰水一盆。父亲想同他们理论，却被伯父拉了出去，报国无门的伯父只得满怀悲愤西上重庆。而家父则执意不变："政府不批准我也要干！"不久在第三党的支持下，赶回老家安徽潜山，同三伯仆野一起拉起队伍，在天柱山展开了游击战。后来，我父因抗日身陷政府囹圄，几乎丧命，远方的伯父得知后气得几近疯狂，奋笔写下以我父亲为原型的小说《疯狂》。尽管重庆与潜山远隔万水千山，音讯难通，伯父仍千方百计搜罗游击队的素材，以小说、诗词反映活跃在潜山等地的游击队。

于是，我父在武汉与农工民主党主要负责人章伯钧、彭泽民商定后，带病返回家乡潜山、桐城一带，利用其太湖专署秘书的有利条件，积极筹建武装，组织抗日游击队。游击支队在极其艰苦的环境下坚持斗争，牵制和打击了进犯潜（山）、怀（宁）、太（湖）一带的日军，保境安民，战绩显著。当时，国民党二十六军徐源泉部，曾一再给予奖励。但由于我父组建的游击队，未通过安徽省第一专员、公署的批准，因而被勒令缴械解散，我父还被关押4个月。

民国28年2月，安徽省第九专员、公署专员邓昊明上书省府，才获准释放返乡。

[小评] 身居重庆的张恨水，一直关注武汉会战前后的家乡战事，先后创作了《潜山血》《游击队》《前线的安徽，安徽的前线》等小说，以自己的两位弟弟仆野与牧野回家乡潜山打游击的事迹为素材，褒扬家乡父老抗战不屈的壮举。特别是1938年6月安庆、潜山失守前后，张恨水在重庆《新民报》的《最后关头》发表了《皖江战争概观》《控制住安庆》《潜山出头了》等文，集中体现了他的爱国情怀。

五、关于徐文淑

先引用一段《潜山县志·民俗》第913页，有关当地婚俗的叙述：

民国时期，县内男女婚事均由"父母之命，媒妁之言"而定，还得算命卜卦，互送庚帖（即生辰"八字"，男为鸾书，女为凤笺）。认为八字相合，男方再下聘礼和择日迎娶。豪门富户，均恪守"门当户对"。聘婚时男女不见面，庚帖都由媒人送。迎娶时，男方置办新衣和金、银饰品，送礼品（清末送银元礼，有二十四块礼，四十八块礼，后多为送鸡、鱼、肉和糕、糖等）、请花轿；女方置嫁妆（还有陪送田地、山场的）。哥送妹，弟送姐，娘婆二家，受礼请客，热闹非凡。一般人家结亲，男女双方明确关系后，由男方托媒送"八字"定婚，女方非特殊情况下不去男家。完婚时由男女双方父母选择良辰吉日，男方用椅兜、椅窝、小推车迎娶，女方嫁妆只限于洗换衣和"三盆两桶一挑柜"。

新娘出门时，鞭炮齐鸣。路上新郎兄弟或叔爷须拎火炉，在途中讨火种。给火种者，以三个鸡蛋相酬。新娘到婆家，须要从下游往上游走，叫做"兜水上"。旧时，花轿进村，大放鞭炮，当花轿在堂厅停下后，新郎将新娘牵下拜堂；先拜天地，再拜高堂父母，三是夫妻交拜；拜毕，由童男童女手捧花烛，前导后随，伴入洞房，有的人家还安排两位妇人执红色叉袋，交替铺在新娘脚前，新娘踏叉袋慢步进入洞房，以兆传宗接代〔袋〕。新娘由两位福寿双全的妇人牵入洞房后，在床沿坐定，再由新郎掀新娘头上的红色方巾；接着新郎坐到新娘的左边，谓之"坐帐"，两人同喝交杯茶，同吃团圆子；然后，宾客大闹新房，常有的是用油拌锅烟抹新郎新娘的脸。

2017年10月28日农历重阳节，艳阳高照。在潜山县文物局徐霁旻副研究员、九华山作协副主席陈寿新陪同下，我们一行三人驱车前往位于源潭镇红旗水库（1966年修建）脚下的徐家楼，拜访了徐氏后人，并做了深入交谈。

保存较为完好的徐家高楼外景

　　源潭镇西北的源潭居委会是一片田畈，不远就是徐家楼，放眼望去，在绵延的天柱山脉流出的鲁坦河上游鲁家坦山口修建的红旗水库映入眼帘，潺潺流水在徐家楼屋后流过，增添了此处风景的灵气。我们在保存较好的徐家楼高楼的门口看到了如下文字，加深了对徐家楼的了解，可以想象出昔日曾经的辉煌：

　　徐家楼是位于鲁坦河南的塥水畈上的古建筑群，建于明末（抗日战争期间被毁大半，高楼现存比较完好，中楼、底楼仅存中厅及部分古民居），由高楼、中楼、底楼组成，自西向东一字排开。主楼七进三层，高大气派，两辅楼通过廊道与主楼相通，是为“走马通楼”。楼前均有水塘、广场，楼后有配套花园，占地200余亩。整个建筑群绵延一公里，外观气势恢宏，内庭古朴典雅，建筑工艺堪称一流。

　　徐家楼不仅孕育了“建威将军”徐积诚，还孕育了一位德行佳美、通情达理、包容贤淑的女子——著名现代小说家、文学大师张恨水的妻子徐文淑。

　　徐积诚，原名徐积声，字紫垣，号铭泉，生于道光二十四年（1844年），光绪二年（1876年），徐积诚随左宗棠转战新疆各地，击败俄、英支持的阿古柏侵略者，收复除伊犁以外的天山南北，后又因安定边境5次立功，朝廷赏赐“信勇巴图鲁”（勇士之意）名号。光绪十六年（1890年）以防守新疆六载之功，赏换“依博德巴恩巴图鲁”（英雄之意）名号，民国二年（1913年）卒，典封正一品。

徐文淑家所在的徐家中楼外景

1930年代初摄于北平绒线胡同西口振华照相馆（庞华提供）

我们从交谈中得知，徐文淑娘家位于中楼，父亲徐海山教门馆，是当地有名望的私塾先生。徐文淑居长，弟弟徐华铎，大妹徐荷淑，二妹徐蕙淑，三妹徐杏淑。其兄妹五人姓名均由父亲徐海山所取。徐文淑四姐妹名字中的"文""荷""蕙""杏"整体连贯，高雅文静。

关于徐文淑，徐霁旻先生《2002年6月6日采访徐杏淑笔录》如下：

徐文淑是大姐，长头的女儿，格外得父母疼。那时，我们家祖上做过官，父亲又是教书的，家境在源潭一带不算差的。父亲是知识人，希望儿和女也有知识。他教我们念书、写字。那时都是写毛笔字，用墨子磨，磨出墨汁。父亲写上红字，教我们描红。念的是《女儿经》《三百千》。我大姐有文化，能看书。年轻的时候，常时和大姐夫通信。之后流行自来水笔，大姐也用自来水笔，她说这方便多了。1958年在安庆，就是给张小水寄信时，在街上跌倒的。

《2002年8月29日采访徐造珠谈话笔记》（徐造珠，徐海山之孙、徐华铎之子、徐文淑包侄）：

徐文淑是我大姑。我总共四个姑。我父亲和四个姑，小时候都跟爹爹念过书。反正爹是教书的，自家的伢自己带着，也不花钱。爹对我父要求严格些，对几个姑不作严格要求，念几多算几多。大姑去世前，常和父亲通信。我小时都看过大姑的信，毛笔小楷，非常工整。

应该说，上述两段笔录文字较全面地反映了徐文淑家庭背景以及所受教育的基本情况。

而关于张恨水与徐文淑的婚姻问题，外界流传的版本众多，对

徐文淑多采用丑化的笔调予以描述。其真实情况如何，还是听听张
恨水亲属的叙述。

张立学（张仆野长子，1932年农历正月北京出生，潜山县人民
医院医师，现居潜山市区）：

张恨水父亲去世后，从南昌回到黄岭。在家闲居之余自己读
书、写作，大约三到五年的时间外出求学、寻找工作四次，作为长
子，婚姻问题也没有解决。其时，恨水在外，我祖母为解决恨水的
婚姻问题，托媒人介绍源潭徐家楼的徐家姑娘。其时正赶上徐家楼
唱大戏，经过沟通并通过媒人安排，双方以看大戏为名，由媒人指
点坐在戏台边看戏的两个女孩中的一个，祖母（时由恨水大姑陪同
一起前往）一看女孩很好，身材、相貌均感到满意。年底，恨水从
上海回来后，祖母即按照当时风俗操办婚礼。对于母亲的安排，恨
水没有说什么，当闹洞房、揭盖头时，恨水看到的新娘子并不是自
己想象中与母亲所说的样子，祖母等也发现花轿送来的不是当时看
中的那个姑娘，被媒人调包了。气极之下，恨水一人逃出洞房，跑
到王庄背后的山上躲了起来。于是，家族里人四处寻找，最后是我
朱家二姑爹找到了他，讲了许多道理，将其劝回家。

桂力敏（张其范长女，1930年11月北京出生，华东师范大学物
理学教授，现居上海）：

1950年至1954年我在北京师范大学读大学，学理工科，和我父
母亲是一个学校（母亲原是女师大，后合并成北师大）。我母亲和
刘和珍是同学，鲁迅教过他们的课。有人认为，周南是我母亲的学
生，我印象里没有。我母亲没有在春明女中工作过（对此我哥哥桂
力刚比我更清楚些）。按我母亲说，周张二人之间不可能是我母亲
介绍的。因为那是在旧社会，思想意识还是不怎么开放的。我母亲

不止一次地和我讲家庭情况，大舅妈徐文淑结婚时的情况。从江西回潜山时，我大舅刚满17岁，我妈妈是老三，属兔，基本上是一两年生一个。我姥姥很能干，人长得很清秀，一直到新中国成立初期去世，不知是哪个表弟表妹写的都说是大舅妈照顾我姥姥，其实不是的，一直是张立学的妈妈（三舅妈）从抗日战争开始侍候我外婆的，从安庆到潜山。我外公曾在江西御窑里做过官，外婆36岁守寡，6个孩子，准备自杀，大舅带着一群弟妹跪在外婆面前说，如果妈妈要走的话，我们这些儿女就变成孤儿了。最后拖着6个儿女回到祖籍潜山。姥姥还同时带回了贴身丫鬟（后嫁在了潜山），家族里祠堂对孤儿寡母帮助照应。有一点土地、老房子（黄土岭）。大概到我大舅20岁时（时外公去世已经3年），我姥姥就说长子嘛找媳妇，来帮着料理料理家务。当时媒婆就说在稻场上唱大戏，媒婆带着我大舅和姥姥、妯娌看亲，若愿意就下聘礼，媒婆指着凳子上坐着两个姑娘中其中的一个（我大舅妈的妹妹，模样漂亮），大舅是个孝顺的儿子，既然妈妈一定要我讨个老婆，帮着料理家务，看那形象还行，大舅回来也就没有啥意见了。然后就是按照潜山当地风俗操办婚礼，拜完堂之后，闹洞房，大舅用秤杆子挑起来一看，发现不对了，不是当初看的那个，气极之下，于是我大舅就逃出了新房。应该说他也是封建婚姻的受害者。那时新娘子要涂粉的，一哭挺难看，其实我大舅妈并非有些书上说的那么难看。有人说她没文化，连名字也没有，并不真实。徐文淑家里是一个绅士（乡绅）、私塾先生，长女没文化、没名字似乎不可能，我认为徐文淑原名叫啥，肯定有名字的，谁取的我不太清楚。徐文淑名字是不是我妈给取的，我没听我妈说过，应该不会。她有文化，并不是不识字，也不是丑八怪，能写书信，能看报纸。我姥姥非常能干的一个人，否

则也带不大6个孩子的，长得很漂亮，到70多岁去世还是一个很清秀
的老太太。大舅就跪在姥姥面前，说不行，姥姥说拜了堂这就算成
了亲了，这是规矩，但是允许你以后再娶。大舅没办法，就不能不
进房了。他心里很郁闷，整天拿着鸡毛掸子在书房里掸掸书，无精
打采的，透过书房的窗户望着对面山上的映山红。

[附注]　关于唱大戏，因为潜山是著名的戏曲之乡，民国时期，
潜山流行弹腔和黄梅戏。人们称"弹腔"为"大戏"，把"黄梅
戏"叫"小戏"。每到农闲时节，农村集镇几乎每天晚上都演戏。
"大戏"演的多是"宫廷戏"，"小戏"演的是"民间戏"。

张羽军（张东野之子，1929年出生，退休前任四川人民艺术剧
院编剧、文学部主任）：

2017年秋天作者与张羽军电话采访时，张羽军与夫人徐莱在家中的小影

骗婚顶替问题，大家说法大同小异，我认为最合人情的说法，

就是三奶奶看的是另一人,她如看的是文淑本人,不可能满意应允,她自己就是个美人啊,怎能为恨水选很丑的儿媳,自己的儿子品貌都不差呀!因此迎亲出事她深感祸因已出,对不起儿子,又害了文淑,只有认错求儿子委曲求全,另一方面她也怪不得文淑,自认害文淑一生,加之文淑对她视若生死依靠,所以她后来也一直和文淑相怜相依,恨水是孝子,忍痛了事,加之是心慈同情,要让文淑有生路一条!

从恨水一生对待大妈(徐文淑)的实际看,他是胡适之先生类型,只不过他更不幸些,因为大妈比不上胡夫人;但他又更幸福些,明媒正娶了三房夫人,且周南可算是心爱意中人。

[小评] 上述三段均为张恨水直系亲属的叙述,他们均从小听父母辈所说,前两段其情节出入之处是,张恨水是否到过徐家楼看大戏。有关张恨水第一次婚姻事,之所以会众说纷纭,版本众多,一是张恨水生前坚守"除了必要,不提到我的生活和家庭,罗曼史更无须提及"(《写作生涯回忆》序言)的信条;二是张恨水一生的三次婚姻,加之第一次婚姻的年代久远,从而引起了人们的众多猜测。

研究张恨水,就要涉及他的三次婚姻,理应力求还原当时的事实,结合当时的时代背景,历史地看待三次婚姻,而不应用当代的标准来苛求这一事实。对于第一次婚姻,至少要廓清以下问题:第一,结婚的背景。这一点张立学、桂力敏、张羽军的回忆,很好地说明了。第二,结婚的时间。结合民国初期潜山当地的婚俗,婚姻由父母包办,且男方当事人不出面相亲。张恨水父亲张联钰1912年秋天因急症在江西南昌去世后,冬天全家返回老家黄土岭。按当地风俗,三年内家里不办喜事,且1913年、1914年、1915年张恨水均为春天外出，或求学或寻找工作，年底回家。对自己的婚姻，张恨水在《我的小说过程》（1931年1月27日《上海画报》）一文中曾作了唯一的一次叙述："二十二岁（虚岁）……婚姻问题又迫得我无可躲避。"这里，张恨水所用的年龄均为虚龄。按时间推算，应是1916年，此时张恨水已经结婚。结婚时间当是1915年底。第三，客观看待张恨水的第一次婚姻。张恨水母亲为张恨水包办的第一次婚姻，既是当时情势（失学、事业无成，屡遭乡人的冷嘲热讽，被称为"书庸子""胞衣"）使然，身为长子，也是支撑家庭、为母亲分忧所迫，更是遵循当时此地风俗惯例（由父母包办）。从时间上看，借看大戏相亲时张恨水不在现场较符合当时情景（其时张恨水均在外）。相亲的调包计正是媒婆一手策划的"绝作"，才使得张恨水母亲当即相中。对此，我们不能责怪张恨水母亲和徐文淑家人。而对于新婚之夜的新郎出逃，实是挑开新娘红盖头后，所见新娘与自己理想中的"佳人"以及张恨水母亲向其描述的姑娘有差距，尤其是当发现被调包后，采取的逃出新房举动，乃是张恨水内心怨愤情绪的一种自然流露。

作为儿子，张恨水最终听从了母亲的安排；作为丈夫，他没有遗弃徐文淑，她曾为他生了两个儿女但均不幸夭折，彼此虽然聚少离多，但始终承担着赡养的职责。而对于徐文淑的外貌，作为长期生活在潜山，与徐文淑有较多接触的张立学先生的表达比较贴切与中肯：现在外界对于徐文淑，往往出于陪衬对比的需要，把张恨水描述为风流才子，把徐文淑说成是没有文化的粗陋丑人。他们分别是我的大伯和大伯母。徐文淑嫁到我们张家四十几年，从相识到相知，我非常熟悉。客观地说，徐文淑不算漂亮，但绝对不丑。并不像某些书中所描写的那样要怎么丑就怎么丑。实事求是地讲，大伯

　　母长相普通，身材中等，腰肢微胖，脸上肤色一般。我们是家里人，不恭维不回避。但大伯不满这一包办的婚姻也是事实。

　　对于徐文淑的名字和文化水平，前述所引徐霁旻先生的采访笔录已经叙述很清楚，就我前往徐家楼所见所闻，信然。

　　为此，张恨水在1927年8月6日的《世界晚报》副刊《夜光》上发表的《七夕诗》中，借怀念故友张楚萍发出"婚姻不自由，诚杀人之道哉！"的感叹，在笔者看来，这又何尝不是张恨水自己第一次包办婚姻的写照与反思呢？

走出潜山黄岭、苏州蒙藏垦殖学校读书时期张恨水，
这是现存最早的张恨水照片（桂力敏提供）

这就是走出黄土岭之前，那青春年少、带着几分稚气与文气的张恨水，一个富有孝心与责任感的、真实的、纯粹的、原汁原味的张恨水。

六、张恨水亲属关于黄土岭张家有关人事的回忆

张立学（2017年10月31日上午，厦门张立学女儿张园家）：

张恨水1919年秋从芜湖经南京到北京：经过南京时，向桂家老伯借钱。桂家老伯是我外公，叫桂希贤，他在南京下关开了一个瀛台旅馆，张恨水向我外公借了八元钱。

我母亲桂秋芳（岭头桂家老屋人）九岁（1906年出生）就来黄岭张家做童养媳，我外婆是张家的姑娘（上庄张家二房邵师的女儿），可谓亲上结亲。

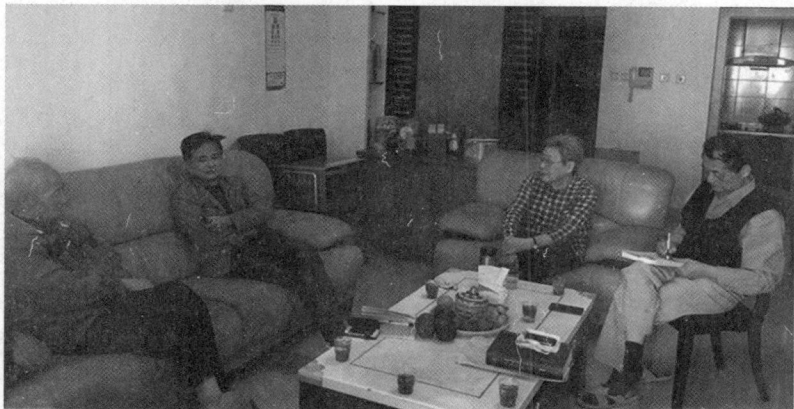

作者（左二）在厦门张立学（左一）女儿家访谈
图右一：张一骙；图右二：张月西

清代以来，黄土岭张家有三个时代：

第一，"九书"。即二房的寿书、忍书、传书、楷书、权书和三房的校书、炳书、宝书、铭书。代表了黄岭张家的第一时代（清朝的太平天国时代）。

第二，三位文人（简称"三文"）。即张寿书（兆良）、张恨水（心远）和张枋唐（以让）。代表了黄岭张家的第二时代（清末民初时期）。虽然三人年龄相仿，但张寿书、张枋唐分别长张恨水两辈和一辈。

第三，"八野"（后加上"田野"又称"九野"）。即东野、樵野、仆野、牧野、耘野、林野、农野、陶野。代表了黄岭张家的第三时代（民国时期30年代）。

桂力敏（2008年11月14日上午，上海华东师范大学桂力敏教授家）：

我2001年还回去过潜山一趟，现在这房子都不对了，整个都改掉了，原来门前有个塘，我大舅妈成亲的时候的房子，前面有一溜阴沟一样的东西，洗脸水就倒在前面的沟里。我大舅妈就在后面第一间房子成亲的，前面有个阴沟洞。抗战回去，我们洗脸水就倒在其中。抗战几年我跟几个舅妈、姥姥都住在一块。这是我自己的印象。大舅结婚时情景是我妈讲的。这段历史是我妈反复讲的，应该是真实的。最初的记忆应该是没顾忌的，是真实的。大舅妈五官是很端正的，人是中等身材，很普通，不是属于漂亮型的。她妹妹确实长得很漂亮。

徐文淑我们就叫大舅妈，胡秋霞我们叫秋霞舅母，周淑云我们叫周娘，我们外孙这一辈差不多就这么叫，以便区分二舅妈（张啸空夫人）。

2008年11月作者在上海华师大桂力敏教授家访谈时留影

抗战期间，周姥姥、周厚基、张二水还有我们，有段时间住在潜山的储家大屋（单大屋旁边），2001年我还专门去看了，他们家住一边，我们家住一边。最初我们住在黄土岭，整个大家庭都在黄土岭。后来我姥姥跟我三舅妈，还有我们家搬到新庄，新庄2001年也去看了，与以前不一样了，储家大屋、新庄的房子（我家住的进门左边）都是租的，只有黄土岭的房子是我姥姥和大舅、二舅家里的。抗战我三舅、四舅大部分时间在外，就三舅妈跟姥姥。

抗战期间，我印象中黄土岭的街不怎么繁华了，街是一条官道（潜山至源潭），我们在那儿居住了一段时间，以后跑鬼子反，大家就躲到前往岳西的山上，大舅母就是那时从楼梯上跌下来，把腿跌伤了，后来走路有点瘸。然后又回到黄土岭，又挤了一段时间，最后感到要长期落户了，有些分到新庄住，有的分到储家大屋住，我姥姥住在新庄的进门右边，我们住在左边，当时遇到土匪，把我姥姥从江西带回的曾外祖父所有的清服都抢走了，那时我见到过，每年外婆都拿出来晒，就是那个朝珠、马蹄袖（藏蓝色），整个箱子都被土匪半夜里抢走了。抗战期间，黄土岭周边都是比较冷落的，大家都在落难，自然环境我觉得很美，距离房前塘前有一条小河，河水很清澈，常在里面石头上洗衣服（用皂角，木棒槌捶）。抬头一望远处就是天柱山，菜花黄黄的，然后就是一片绿，属于丘陵地带，特漂亮，环境特安静。我感觉黄土岭比我们家住的储家大屋要漂亮得多，储家大屋好像就是一个小山头，长着苦栗树（果子摘下，磨成粉做成豆腐）。

张恨水母亲戴氏（中）与张其范（右）、张其伟（左）1930年在北平留影
（桂力太提供）

1946年张恨水母亲戴氏与张牧野全家留影于安徽省当涂县，时张牧野任县长
图中自左至右分别为：张啸空长女张同梅、申圣羽
（张牧野之妻，怀抱者为女儿张一莉）、张恨水母亲戴氏、张牧野二子张一
龙、张牧野、张牧野长子张一壮（桂力太提供）

　　我外婆是一个很精明的老太太，习惯抽水烟，吸起来呼噜呼噜
响。而且喜欢坐在火桶里。那时在潜山，估计60多岁，就认为是个
老太太了，老得不得了了，那时是我三舅妈照顾她，一个大桶，坐
在上面，那上面盖个小棉被。晚年姥姥还是很幸福的（下人都很孝
顺）。三舅妈很贤惠，1950年我进大学后就没有见过了，2001年我
回去时她已经去世了。

　　张羽军（2017年12月20日电话采访记录）：

　　我与小水——

　　我初中一年级上半学期在安徽界首中学，下半学期是在安徽阜
阳"上海安徽中学"，1942年暑期随耘野小姑由淮河回潜山黄岭刘

家大屋（父母已先回乡）。亲朋好友都来看小姑，我看到童年久别的小水等张姓和表亲的兄弟姐妹。他们中不少人都是我后来在"七中"的同学。我因淮河水路受暑，生病体弱，在家玩到第二年（1943年），才跟着大姑爷桂惜秋（七中教务主任）到舒城晓天镇读初二。我与小水同班，从此一直同学到高一（小水与二水小学在黄岭就读）。抗战胜利后又同到安庆六邑中学读高二上，他未读完就去北京了。我们关系很好，他常照顾我，有兄长之风。小水性和善，爱说笑，很文雅，喜给同学取外号逗乐，功课中等，语文很好。我和桂力刚（大姑爷之子，同班）则功课很强，多次得学期奖学金（全班四、五十人，只有四个名额，得奖者一学期不交伙食费，奖金是米），小水从不妒忌。有一件事，我一直铭感在心。抗战胜利后，学校大门搭彩棚、挂红标庆祝，广西部队一军官醉酒在校门口胡说乱骂，我上前阻劝，他要打我，我先发制人快拳快脚打倒了他。此人回去带人牵狗来闹学校要校长把我交出，后经校长打电话由省上与部队协调，最后以防学生呼应闹事为由，才使他们作罢。此后我便天天提防报复，不料又突得急性黄疸，小水此时提出送我回家，他一路照应，半路翻越六十里驼岭（潜山县龙井关和舒城晓天镇之间的一座大山，在潜山北乡余英时老家官庄附近）时，我大汗如雨，浑身无力，他扶我走到半山一家小旅店，我倒在床上又突感饥饿，休克发呕发抖，这时小水又端来一碗清汤葱花挂面，我连吃两碗，慢慢觉得全身轻松，神清气爽，病痛全失。接着我坚持上路，走着，走着，小水突然大叫："呀，你身上脸上的黄疸病色全没了！"我们惊喜相望，哈哈大笑……我的病真就这样在奋力爬山、一场汗雨、两碗挂面后全好了。回家后全无病感。玩了四五天后，得知学校那边的广西兵被调走，我们才又相约回去上学。小水在学校朋友多，他常和几位好友饮酒谈国事，他们甚至谈得叹息流泪。我当时爱运动，乒乓球篮球足球都是校队主力。我和小水也常唱京戏，当时的数学老师王世琦是京胡高手。

我与二水——

我回潜山是头次见二水，他跟随周婆和傻舅住在中山岗下储家大屋，桂姑爷和大姑一家也住此处。在我看来，当时这里幽雅、静美，风景环境最佳，房子高大宽畅，大门口外坡场一棵数人合抱的巨大古树，树荫下可摆十几大桌酒席。每每想到家乡，我眼前总是浮现这坡场和大树。桂姑爷与我同感，所以对我另眼看待。那时小水、二水上小学，天天来回中山岗到新庄前什么地方上学。我下午常到中山岗散步，每遇到他们放学回家，总要在树林中和他们打玩"斗鸡"（打珠子，单腿抬膝相撞），我很厉害，即使他们十来个亲友兄弟齐上共同攻我，我也能把他们全都打败，有不少会翻滚在草地，如是三轮才作罢。如此，他们仍拱手称赞，但不服输，约定下次再战，这其中包括二水、立学兄弟等等。二水跟我很亲近，但来往不多。周婆缺米时，我家常让我挑几十斤送去，周婆对我一贯喜欢，直到老年在北京，我每次去砖塔胡同家中，她都要陪我说话，总要我吃点什么。傻舅并不呆，一口京腔，爱说笑，有时也到刘大屋找我拉琴唱京戏，也有板有眼，大家对他也很照应。二水到北京后才进中学，我对他有些影响，我能进清华大学，他很敬佩。在北沟沿大院时，他和同学们在家中做功课，我一去他就拉我与他同学问长说短，小弟们总仰慕地看我这清华哥。他后来也考进清华石油系（后改为石油学院）。他拉提琴也受我影响，爱音乐，他拉的提琴就是我留给他的（我因参军离京三年）。我后来在农机学院教书，他在石油学院，这两校相连，我们有时散步也相遇谈心……

关于七临中，我还要补充说一下：

七中是抗战时期安徽省办的省级中学，当时全称"安徽省第七临时中学"（我不知共有多少个），简称"七临中"，四临中在桐城，七临中在舒城晓天镇，校长周平和夫人黄莺及教务主任桂惜秋（大姑爷）都是北师大出身，教员多为清华、武大、安大、金陵大学出身，还有个别留洋及著名学者和桐城派老先生，教学水平及学风是诸临中较强的。还有六临中在舒城毛坦场。我们四婶申圣羽也在临中教过书，是当时有名的教师，大姑其范也在七临中教过初中。抗战胜利后都把"临"字去了，简称"七中"。

我叔张樵野——

张樵野是我叔叔，1938年，樵野叔送周娘到汉口。他为张家人做过很多吃苦冒险的事。抗战时期，耘野小姑带徐枚和我从阜阳经六安到桐城青草塥回潜山也是他接送的，而且他押运着几十担一条大船的食盐。

樵野从小受苦受难，身高一米九左右，性急烈豪爽，他的天赋极似老辈传谈的开甲公。他对我父恭敬听命，真是视若父兄。我父出狱回皖军政活动期间，曾让他从军北伐，他在广东军队期间受湿热感染，患白斑病，脸上也留有白斑，高大花脸，人多望而生畏。我父主政灵台时，他曾在县府任科员职，因身体不适应西北，回乡务农间做小生意，后来兼管我们家在潜山和安庆产业及家务。最后病逝中山岗家中。

他有二子二女，长子也读过七中，1949年后曾任潜山县某区区长书记，"文革"中胆小自杀；二子随张苗禾海军去台湾，任军舰轮机长，娶台湾女留台至今；大女任教员，早病逝，二女随夫（潜山人）现在株洲。长子的大儿子在潜山乡间教书务农，次子在县城做生意。

潜山黄岭张氏"三杰"——张东野、张恨水、张牧野

叱咤风云兄弟在，京华冷月照颜容。（照片背面附张羽军题词）

1956年深秋，张东野（中）、张恨水（左）、张牧野（右）
相聚北京时留影（张羽军提供）

重庆时期与张恨水关系密切的潜山张家人——

张正侃：是张家梅城分支的张姓人（即潜山县城内的张家人）。我们这辈人叫他正侃大哥。他学农业（不知是中央大学或金陵大学），人是学者作风，很朴实。抗战时在重庆娶四川人为妻，胜利后在民国农业部工作，住在南京中山陵，1949年后调北京农业部工作，他后来是农业部专家级的专业人员，他妻在人民银行工作。他和我及恨水叔有联系，我去过他家数次，"文革"后我到北京还去过他家。正侃比我大很多岁，后来多年无联系，他如在世，应是百岁左右老人了。

张文：与大爷家很亲近的张文大哥也是县城张家人，但他和张正侃不是近亲关系。张文大哥是抗战逃难去重庆大后方读高中，算流亡学生，但生活艰难，毕业后无工作，通过家人关系找到恨水叔帮忙，大爷和周娘见他勤快忠厚，介绍到新民报工作，胜利后随大爷分在北平新民报任会计，直到退休。他与潜山原配妻离婚，有女儿。他后来娶新民报会计同事金大姐为妻（她是皇旗格格）。他们一直住在王府井百货大楼后小胡同的小独院内，金姐先去世，他是"文革"后才去世，张伍了解其后事。

张志符：是潜山县城张文耀长子，张文耀家与张恨水家来往密切。其长子张志符跟张恨水到重庆念大学。时值抗战，从重庆汇钱（汇兑）到潜山困难，于是张文耀把钱给在黄岭的张恨水家，张恨水带张志符在重庆读书。张志符大学毕业后，曾任南京总统府秘书，后到台湾任装甲兵团长，我们同辈张苗禾（曾任台湾海军中将，早已去世）也随他前往，20世纪80年代张志符曾回来过。张文耀二子张志弦（或玄），1949年前为安庆崇文中学教导主任，算是我们兄长，新中国成立前有来往。

七、张楚萍有关人事考证

在张恨水的《写作生涯回忆》等诗文中，曾提及张楚萍、张犀草两个名字，张恨水生前没有给予说明，常常给读者与研究者造成诸多误解。为厘清史实，笔者查阅了相关文献资料，特在此作如下考证。在《我的创作和生活》里，张恨水作了如下描述：（1924年秋天）"带了一包读书笔记和小说""借了一笔川资"前往汉口投奔本家叔祖张犀草。张犀草"虽然大我两辈，年龄却比我大得有限，他认为我的诗还不错，就叫我投给几家报馆，但是并不给稿费，当时的小报馆都穷得很，于是我的诗开始问世，却还没有发表小说。"

在1922年8月21日发表在芜湖《工商日报》的《伤心人语（三）》一文中如此叙述：

同是天涯沦落人，相逢何必初相识。友人喜作北里游者，每以此自解。文人之辩，亦自多道。某年落拓归，访友于南陵某乡区。友为人司书计，仅有一饱。古道苍茫，西风拂袂，四境无人，送我渡口。半晌无语，泪目浪浪。此境此情，至今思之肠断。

平生一患难交，一族人张楚萍，一怀宁郝耕仁，一番禹郑慧英。萍以冤死于狱，至今寄棺黄浦；慧伤心太过，十九吐血死；故人零落，惟我与郝犹以笔耕奔走南北。上年在芜闻之老母，我儿宜稍去思虑，郝大哥鬓毛斑矣。知子莫若亲，所语郑不敢忘，然而我与耕仁何堪。

友人处愁境，各有不同。楚萍时作无聊之笑，耕仁则肆力饮酒，或操不成调之胡索（反二簧居多）。慧英默不一语，出手帕叠之。终日勿倦，有时吟小诗或小词。乞夫必评论古今人物，取以快意。佩箴则作牧猪奴戏，愈负愈快。胜即以其资痛饮。凡此种种，均非楮墨所能形容。大兄东野，劳或忧虑，两目眶必深陷，有时长吁，复以大笑了之，其心愈苦。

以上两处提及了张犀草、张楚萍，查民国24年重修潜阳《张氏宗谱》有关于"张寿（注：新谱又写'授'）书"记载：谱名兆良，字寿书，号雄才，本省（安庆）实业学堂毕业生最优等。生于光绪十七年（1891年）辛卯二月初三午时，卒于民国九年庚申（1920年）又七月初一，享年廿八岁。配姚桂氏，无嗣。

1991年续修《张氏宗谱·东野公传》记载：

1915年与叔公张寿书刺杀袁氏密使未遂，在上海被捕，关押五年，授书牢死。据张氏后人张立学（注：张朴野长子，其外婆与张寿书老婆是亲姊妹）口述：寿书对自己的婚姻不满意，多在外，少在家，后在上海英租界被捕，判七年徒刑，桂氏典当家产，为之打点。寿书深感愧对妻子，曾表示出狱后善待妻子，可惜在狱中遭受虐待，死于牢里。

又张东野次子张羽军撰《炎黄志士，华夏贤人——张东野传略》：

1915年在上海，张东野与叔公张寿书密谋暗杀一名由袁世凯派来的密使要员，不幸所用炸弹意外爆炸失火，二人先后被英租界警察围捕。所幸英国未将二人引渡，否则必被袁世凯政权处死。张寿书，号犀草，曾在汉口从事文化、新闻工作，并对张恨水在写作上有过帮助。这次被捕，因伤病，惨死狱中。

刊发于1922年8月21日芜湖《工商日报》副刊"工商余兴"的《伤心人语（三）》（恨水）叙述：

"平生一患难交，一族人张楚萍，一怀宁郝耕仁，一番禺郑慧英。萍以怨死于狱，至今寄棺黄浦。"

发表于1924年3月26日芜湖《工商日报》副刊"工商余兴"的《春明絮语（续）》（恨水）叙述：

"后楚于某年暮春，客死沪上，初葬田野间，予及二三友人，觅其冢，为之收骨而去。"

首发于1926年1月3日至17日《世界画报》的《怪诗人张楚萍传》，其中有如下记载：

"顾楚萍漂流湖海，不常家居。""至其所为文，流利婉转，绝似近人梁启超，尝为汉口某报操笔政，人竟疑其抄袭梁氏所作。是可以知楚萍之文如何矣。""当其安庆学校读书时，逆旅居停有女曰……""张寓沪久，与民党游，渐从事革命，竟以莫须有事，锢死狱中，盖仅二十八岁耳。"

1927年8月6日《世界晚报》副刊"夜光"刊发《七夕诗》载："楚萍因闺中无画眉之妇，故流落在外，且七年矣。读予诗，以为不谅而规戒之，凄惨不复能语。今吾友亦死七年矣，一忆此事，终日不欢也。婚姻不自由，诚杀人之道哉！"

小说《春明外史》开篇第一回"月底宵光残梨凉客梦，天涯寒食芳草怨归魂"里，艺术化地描写了一个旅京的安徽学生吴碧波，为其客死京城的同学祭坟，坟前一块牌子上书"故诗人张君犀草之墓"，并介绍了张犀草的死因，家里"只有一对白发双亲，一个未婚妻，他因不愿意和他未婚妻结婚，赌气跑到北京来读书。谁知他父亲越发气了，断绝他的经济，他没有法，一面读书，一面卖文为活。只因用心太过，患了脑充血的病，就于去年冬天死了。"

对照潜山张氏辈分"宗瑞兆联芳"，"兆良"正好大"芳松"

两辈，与张恨水自述叔祖张犀草"虽然大我两辈，年龄却比我大得有限"（《我的创作和生活》）相吻合。而"故诗人张君犀草之墓"当为一种寄托，表达对已故故友、诗人张寿书的怀念。

综合以上文献资料，可以发现，张犀草、张楚萍、张寿书实为同一人，即犀草、楚萍均为诗人，且是张寿书的笔名。

八、皖光苑内张恨水墓园

张恨水以潜山人为自豪，曾使用笔名"潜山人""我亦潜山人""天柱山人""程大老板同乡"，以潜山的人事与风土人情创作小说《秘密谷》《潜山血》《前线的安徽，安徽的前线》《游击队》《疯狂》《天明寨》《现代青年》《似水流年》《孔雀东南飞》，还写有大量怀恋家乡潜山的诗词和散文。

为永远纪念缅怀张恨水，弘扬张恨水文学精神，恨水故里潜山市自20世纪80年代以来，即结合天柱山开发，倡导人文旅游，打造"山"（天柱山）"水"（张恨水）品牌，成立了安徽省张恨水研究会，专事张恨水研究，先后召开十多次学术研讨会，开通了张恨水研究网站，极大地扩大了张恨水的影响力与知名度。

2012年10月5日，张恨水墓园竣工。图为张恨水墓

2012年，潜山县委县政府在皖光苑博物馆的西侧新建了张恨水墓园。当年的金秋时节，举行了张恨水铜像揭幕及骨灰安放仪式。墓园坐北向南，背倚天柱山余脉，占地6980平方米。墓园内有张恨水纪念馆、墓室、铜铸像、恨水亭、心远亭及碑林等。张恨水从此与家乡的雄山厚土融为一体。

潜山县委县政府致函

此前，潜山县委县政府曾多次致函张恨水后人表达了对张恨水先生骨灰回归家乡安葬的迫切愿望。

图为位于张恨水墓园内的张恨水纪念馆

　　张恨水纪念馆主展厅面积270平方米，纪念馆陈列分为"少年才俊""新闻生涯""创作成就""人生情怀""夕照青山""故土情结""传播与研究"七个部分。陈展在充分搜集相关史实资料的基础上，灵活运用光学效果、场景再现等多种形式，全面系统地展示张恨水先生的生活历程、创作道路和作品影响。该纪念馆既是安徽省社会科学普及基地、池州学院教学实践基地，也是安徽省唯一的一座作家文学纪念馆。

九、有关张恨水的研究机构

安徽省张恨水研究会

　　安徽省张恨水研究会筹备于1986年10月，1990年5月正式成立，是由有志于张恨水研究的各界人士自愿组成的非盈利的学术性社会团体。会员300余人，遍及大陆20多个省市和港澳台地区及美、英、日、韩、新加坡、埃及等国，形成了一支以专家学者为主体，具有较高学术水平，老中青结合的学术研究队伍。

　　研究会成立二十多年来，整理发表各类评介张恨水文章500余篇，70多万字，举办专题学术研讨会10次，座谈会、报告会、纪念会、新闻发布会40余次，与各级各地电视台摄制文化讲座节目或专题片10余部，编辑出版《张恨水研究》专刊16期、《张恨水研究论文集》7辑。在广泛搜集资料的基础上，兴建了张恨水纪念馆、张恨水研究资料中心，创建了"张恨水研究在线"网站。

　　研究会先后多次被安徽省社会科学界联合会评为先进学会，荣获安徽省"十佳学会"称号。

池州学院通俗文学与张恨水研究中心

成立于2013年2月，是由池州学院从事现当代文学教学、科研以及通俗文学研究的相关人员组成的学术团体。中心以张恨水史料的搜集、整理为基础，通过对张恨水小说创作实践、现象的研究，探讨通俗小说创作理论以及小说创作与市场关系等规律，进而延展至中国现当代其他通俗文学作家的研究。为适应信息时代需要，2018年元旦，中心借助新媒体正式开通"张恨水研究在线"微信公众号。

安徽省政府参事室（文史研究馆）张恨水研究中心

成立于2014年3月，是由安徽省政府参事室（文史研究馆）部分文史馆员、特约研究员组成的学术团体。中心宗旨：贯彻落实安徽省委省政府关于建设文化强省的战略部署，充分发挥安徽省文史馆"文化建设"等职能作用，力推文化精品，承担张恨水专题研究工作。

十、张恨水的亲情

此照原为兄妹六人1929年在北平的合影，自右至左：（张恨水）、张啸空、

张其范、张仆野、张牧野、张其伟。此张照片中张恨水头像缺失

二弟张啸空

谱名芳柏，字心恒，号啸空。张联钰次子，行二，恨水先生胞二弟。生于农历一八九九年三月十九日，卒于一九三七年七月十五日，享年39岁。

张啸空先生相貌英俊，聪慧过人，性格豪爽，为人仗义。少年时与长兄恨水同窗就学，成绩殊优。父亲张联钰去世时，他才13岁，随母亲戴氏及全家迁回老家安徽潜山黄岭，续读两年私塾，受到长兄恨水的激励和影响，秉承家学渊源，打下了深厚的文学功底。喜读小说，习作典雅成颂。15岁时，为家庭生活计，去店铺当学徒，尝尽苦楚。三年满师后自行经商，所赚之资，悉数交与母亲戴氏，以应家用，从不隐私。在他经商时，一次由外面回家，离黄岭不远处，地名观音地，有一推车人在地上痛得打滚，高喊救命，一见便知是患了走黄疔，如不及时施救，则性命不保，他立即拿出水果刀，用火消毒后，用力将患处挖出，然后撕下自己衣服为患者包扎，再迅速跑回家中，让夫人吴氏灌一壶糖水，唤两邻人抬一软栏，准备接推车人到家中养伤，谁知推车人是条铁汉，竟自去了。乡人后来议及此事，齐曰先生胆识过人，敢为别人不敢为之事。

恨水在外打拼，啸空在家协助母亲打理家务，成为坚强后盾，使恨水没有后顾之忧。恨水在北京成名后，先将家人安置在芜湖，后举家北上，长途奔波，全仗啸空一人之力。进京后，他弃商从文，先在《世界日报》任校对、记者。深受社长成舍我赏识，使写法庭旁听记，每篇出，如短篇小说，乃成一时日报风气。于是十

年，就任《世界日报》《世界晚报》经理、编辑两部职务，深受业内人士好评。

1931年"九·一八"事变后，啸空与长兄恨水创办"远恒书社"，出版作品《春明外史》《春明新史》《弯弓集》等。为抗日御侮倾注了满腔热情。

1937年7月7日卢沟桥事变，北京城里一片混乱，报社同仁纷纷逃离北京，报社面临关张，值此国家生死存亡之际、报社无以为继之时，他将个人生死置之度外，挺身而出，毅然接受社长成舍我的委托，负责打理报社一切事务，并以笔为武器，以报社为阵地，号召国人共同奋起，抗击日军。因此，日本人对他恨之入骨。有一天，日本人突然包围报社，对其实施抓捕，情急之下，他从报社三楼纵身跳下，腿部摔成重伤，高烧引起急性肺炎，日本人断其药供，逼他帮助宣传中日亲善，宁死不屈，坚决不妥协，于一九三七年农历七月十五日，病逝于北京家中，时年39岁。

1937年家人将他安葬在北京郊外扬州义冢，1952年10月20日胞兄恨水将他迁往北京阜成门外西郊人民公墓第8区第2组第2行64号，现已迁回，与夫人吴剑兰女士合葬于安徽潜山黄土岭街背后李家庄山，共碑。

三弟张仆野

谱名芳槐，又名立新、汉野、仆野，号心潜，排行第三。1906年出生于江西南昌。6岁时父亲病逝，随母全家迁回安徽潜山黄土岭，先读私塾，后读安徽六邑中学，1925年考入北平中国大学预科，1931年毕业于中国大学政法系，获硕士学位。

早期，担任过中国大学附中教务主任、北华美专教师、南京

《民生报》记者、北京《晨报》编辑、《南京人报》编辑，1937年日军进犯平津，时在北平的母亲、兄弟姐妹及家属20多人的大家庭决定南回，在南京和长兄恨水相聚，并以此作为中转站，分批护送一家老小回到老家潜山黄岭。时近年关，长兄恨水、四弟牧野去了武汉。

1928年2月至6月，任潜山县政府第一科长，因县长等位散缺，后两个月又代任县长。日军进犯潜山后，回到黄土岭，参与四弟牧野组织的抗日游击队第一支队，开展抗日护民活动，日军退出潜山后，中秋这天，游击队被国民党部队围剿，四弟牧野被捕，仆野赶至立煌（临时省府）营救。1939年3月四弟获释。后转赴皖南，先参加江西吉安抗日救护团，任组长。1940年至1943年继任宣城《宣报》社编辑、社长。

抗日战争胜利后，赴北平任《新民报》采访部主任。北平解放后，1949年2月，进入华北大学历史系（时校长吴玉章）学习一年，毕业后，随军政南下至河南，先后在焦作中学、新乡师专任教，为一级讲师。1984年离休，享地级待遇。1988年病逝于河南新乡。

仆野在北华美专工作时参加农工党，参与反独裁和抗日民主救亡活动。1942年，在安徽宣城工作期间，多与新四军接触，1946年后在北京工作时，多与国共和谈代表接触，深受革命进步思想影响。

1966年曾专程赴北京探望长兄张恨水（已病），留有两兄弟间最后的一张合影。1967年，曾写有《回忆胞兄张恨水》一文，发表在《兰州日报》上，文中写道："我姐弟五人，都是在胞兄张恨水的抚养培育下婚嫁成家的。长兄情谊如父，所以我们都非常尊敬和爱戴他。"

"文革"中，被打成黑帮，住过牛棚。1971年平反，恢复公职。

四弟张牧野

张牧野（1906~1976），祖籍安徽潜山县，生于江西南昌，与仆野为孪生兄弟。六岁，父病逝，赖长兄张恨水供读于芜湖、北平。民国14年（1925）毕业于北平京华美专国画系。此后，执教于北师大附中、春明女中、安徽大学，担任过北平京华美专主任。民国19年，参加中国国民党革命行动委员会（即农工民主党前身）。民国38年，在芜湖参加"孙文主义革命同盟"。同年12月，他经农工民主党中央推荐，由中共中央统战部介绍，入华北革命大学政治研究院学习。毕业后，任农工民主党湖北省工作委员会秘书。1952年后，任农工民主党武汉市工作委员会宣传处副处长、处长。

张牧野自参加农工民主党后，一直积极从事民主活动。早年经常组织平津一带大学、中学学生，开展对国民党统治的斗争。民国20年，他和其兄张恨水在北平创办私立北华美术专科学校，张恨水任校长，他本人任教务主任，齐白石、徐悲鸿、李苦禅等名画家任董事。在经济极端困难中，全校师生一心，勤工俭学，借丹青作刀枪，宣传抗日，积极从事爱国活动，因此，引起反动当局的注意。张牧野和张恨水等，被列入"黑名单"。随之，被派进的"职业学生"监视，张牧野等愤然停办了学校。

民国26年7月28日，日军侵占天津新车站。驻守在天津的国民党二十九军"大刀队"奋起抵抗，挥刀杀敌。正在天津组织"华北抗日同盟会"的张牧野，也和很多爱国青年勇敢参战。正当日军遭到沉重打击时，"大刀队"却被迫奉命撤离天津。战斗停止后，张牧野才发觉自己腿部和肩上伤口血流不止。这时，日机在低空扫射，张牧野顾不得包扎伤口，奋不顾身地帮助受伤的战友和居民转移到安全地带。张恨水后来写的小说《巷战之夜》即取材于此。

民国26年底，张牧野在武汉与农工民主党主要负责人章伯钧、彭泽民商定后，带病返回家乡潜山、桐城一带，组织抗日游击队第一支队，他任支队长，张凯任副支队长，其兄张仆野（毕业于北平中国大学政治系，获硕士学位）任总务。游击支队在极其艰苦的环境下坚持斗争，牵制和打击了进犯潜、怀、太一带的日军，保境安民，战绩显著。当时，国民党二十六军徐源泉部，曾一再给予奖励。但由于张牧野组建的游击队，未通过安徽省第一专员公署的批准，因而被勒令缴械解散，张牧野还被关押4个月。民国28年2月，安徽省第九专员公署专员邓昊明上书省府，才获准释放返乡。随后，连任安徽省第九专署、第六专署视察和视察主任。这期间，由于经常奉命到云岭向新四军请示或联系工作，他的思想觉悟得到了提高，也更增强了他倒蒋抗日的信心。

民国35年6月，张牧野由爱国人士邓昊明推荐，出任当涂县县长。在任期间，他得知中共地下党员徐竞芳等遭捕，县参议长杜正勋蓄谋要杀害他们，即设法将他们救出。杜正勋恼羞成怒，以"戡乱不力"的罪名呈报省国民政府，将其撤职。民国38年，他在"孙文主义革命同盟会"负责安徽方面的组织工作，积极进行倒蒋活动。这时，他策动芜湖县长谢汝昌及专署保安部负责人维持治安，保护武器，以迎接解放军。在百万雄师过大江之时，芜湖地方武装均投诚起义，中共芜湖军管会对张牧野这一功绩，多次肯定和嘉奖，并申报中共中央统战部。此后，张牧野积极投身于新中国的建设事业。

1958年，张牧野在"肃反"中被错划为"历史反革命"，开除公职。1976年5月，在武汉病故。1981年，中共武汉市委统战部、中国农工民主党武汉市委先后宣布给予平反昭雪，恢复政治名誉和农工民主党党籍。

大妹张其范

别名张竹影，1903年11月28日出生于江西南昌，在张恨水的兄弟姐妹六人中，排行老三，两姊妹中为老大。青年时期，在安徽省芜湖女师、北平师范大学（现北京师范大学前身）教育系读书。在北师大教育系本科毕业后，先后任北平第三十九小学校长、北平安徽中学教师。抗战期间，在安徽省潜山县黄岭新庄，无偿自办家乡少年读书班，后任安徽省省立第七临中（舒城）、安徽省省立太湖师范教师。1946年，任安徽省安庆崇文中学教师。1928年与北师大同学桂凝露结婚，生子女七人。1992年9月7日在安徽省安庆市病逝。

小妹张其伟

1910年10月生于江西南昌，毕业于北平春明女中，曾就读于北平协和医科大学助产专业，肄业。1932年与史政（又名史哲民）结为伉俪。其一生追随夫君，先后生活于西北、四川、江西南昌等地，割舍了自己的学业和爱好，历尽千辛万苦，相夫教子，承担着教育子女、赡养老人的责任。1996年10月在江西南昌去世。

（注：以上材料分别根据张晴、张立学、张一莉、桂力敏、史南平口述整理）

附一：张恨水笔下的亲情叙述（四篇）

忆萧祠（恨水）

　　三十八年前，予十三岁，出外就傅，习读五经，试作策论，所谓经馆也。馆去新干县三湖镇可五华里，为萧氏宗祠。祠外围以橘林，数里不断。巨樟两树，可十余丈，枝叶簇拥祠后进，终年阴暗。院中苔积半寸厚，树上巢白鹭，百十成群，呱呱杂书声乱啼。鸟粪雨下屋瓦上，间或又残鱼半条，随鸟粪落阶前，则啄余之物，其境幽渺可想。予自幼好问，携吾仲弟啸空，与二砚友，择此院一屋共住。啸空方十岁，不能读经，则与年较幼所谓蒙生者六七人，另成一组，读《论》《孟》，作日记。在前进大厅师座前列案习课。予为经生，较自由，可独在室中读书。书案临窗，外面浓荫。日午人静，全馆作文习字，予辄焚檀条数枝，把苦茗一壶，微吟唐宋人诗。师固风雅士，颇重予，不之禁也。窗前有廊，独设一案，为师妹梅乡读《诗经》处，梅乡与吾同岁，面如满月，腮作微红。时以能解《聊斋》，尝暗以书中语荷粉露垂，杏花烟润拟之。彼好穿蓝底印白竹叶罩衫，垂红根长辫，予每目逆之而缀读。彼穆然，不以为忤，亦不笑，从容步来，隔窗捧书问字，其实彼并无不解，特借问字以通语耳。吾告之字作何义时，彼微垂目光，以上齿略咬其唇，童心真不无所动。师尝语先父："惜吾只一女，且已字人，否则当联秦晋好。"予闻而深憾之。梅乡午后即归，不夜读。予与同砚，晚餐后，得于橘林中小步，旋点即锡壶菜油灯，读古文或史论。师有芙蓉癖，须夜深讲书，同砚在灯下久读，眼朦胧，吟哦含糊不成句。前后两进，但闻隔室书声断续如秋蝉，其道甚苦。予则于床上取小说来，挑灯细读，不知夜之三更，视吾弟和衣伏枕呼呼酣睡矣。俄师呼讲书，各携灯把卷，跌撞而来，围前厅大圆桌听讲，并需背古文。睡魔袭人，眼昏昏不能睁视，此真有颊处耳。师固视我如阿难、如颜回，问答居首，苦尤不堪。但有时梅乡亦杂座听史，予则精神焕发，议论压倒全席，师每为之首肯者再。予大乐，讲毕回室，犹私喜不寐也。

夜窗燃陶器菜油灯为文，光浑然如读古人，时则巨樟、苔院、啸空、梅乡，一一若在眼前。"青灯有味忆儿时"，真非过来人不能道。啸空墓木已拱，赣境烽烟遍地，梅乡不知在人间否？在亦或作祖母矣。回忆及此，顾影惘然。敬以此文，纪念吾弟。并祝梅乡健康！

（原载1945年5月12日第99期重庆《万象周刊》）

清明哭二弟（恨水）

愚男女兄妹六，男四而女二，虽先君见背甚早，而均赖慈帏抚育以长成。愚居长，于先君弥留之际，慨然以弟妹教育婚嫁自任，而使先君瞑目。时方十七，今日思之，真孟浪也。幸除二弟啸空外，其余皆得以愚稿费而大学毕业。愚初亦非不欲啸空就学，顾吾人丧父时，彼已十三，续读私塾二年后，愚尚无糊口之业。无已，乃就商，然好读杂志小说，尤习《秋水轩尺牍》与《聊斋志异》，商余作简，典雅可诵，愚甚善之。愚北上后二年，啸空弃商而就愚，愚介之《世界日报》任校对，称职。社长舍我兄善之，使写法庭旁听记，每篇出，如短篇小说，乃成一时日报风气。于是十年，遍任世界日、晚报经理、编辑两部职务。"七七"时，全家已南下二年，啸空尚携妻儿留平供职，因肺病甚剧，不治死。时日军已入城，友朋皆逃生不遑，由穷戚数家，草草殡殓。后得友人助，葬于扬州义地。其妻儿于南京一日七次警报中，见愚于病榻，愚一恸几绝也。

愚小与啸空同被，后同窗，长复同事，事愚甚恭。其为人豪爽无城府，事母谨，与人无争，一切亦与愚同，故友爱甚笃。且方面大耳，声音宏亮，似可永年，不期竟中道分手。去年北上，愚携束纸壶浆，于荒草乱冢中为之作清明。十年一别，相逢已隔三尺土矣。今年清明，复吊之，时正风沙蔽日，旷野萧然，乱坟中两三枯树，鸣其条呼呼有声，状至凄苦。忆儿时与啸空下学时，在校园大树下同打秋千，如昨日事，彼且墓木拱矣，就冢焚纸，低呼啸空名：尔妻儿无恙，知兄来耶？焚纸酹浆，明知妄诞，然不如是，何以慰我惓惓之思耶？归来莫掩其悲楚，走笔为之记。

（原文分别载于1947年4月8日北平《新民报》和4月27日芜湖《工商日报》）

老三和老四（恨水）

我三弟四弟是一对"孪生子"，在十几岁的时候，穿一样衣服，简直没有什么不同，就是爹妈也有时认错。到了中学，兄弟两个慢慢的变质，一个喜欢文学带政治，一个喜欢艺术也谈政治。于是到了大学，各走各的路了，家庭自然是好认，而同砚犹在摸索中。比如说，在路上常常弄错。有一次，老三坐电车，碰到老四的同学，抢着替他买了票，还搭着说了几句笑话。老三因电车上人多，不好说师门，只是点点头，报之以微笑。自然，老三的同学，对老四也是一样。老四回家一报告，老母也为之粲然。老三老四丧失父亲最早，那个时候才五六岁，他们由小学而大学这笔费用的包袱，是老大我扛着的。

大学毕了业，老三是当新闻记者兼教书，老四是专一教书。"九·一八"事变，全家南下。老三当过一段时间的记者，其余的时间，同老四一样，就只是在公务员生活里鬼混。解放以后，老三毕业于华大，组织上叫他去平原教书。老三刚走，老四就来了。那个时候，我的病只好了一半，还不能出门。老四有三四年没见面，当然是欢喜。老四告诉我，他现在已决定就加入革命大学学习政治。我说，那是很好的，于是老四很幸运地进了革大，每星期六来家住一宿看我一次。今年一月毕业于革大，奉派赴武汉工作。他是二十三日动身的，临行之前，含笑对我说，这太巧合了。去年一月二十三日来到北京，今年一月二十三日奉派赴武汉，整整一年，不打折扣。我希望下一次来，你的病完全好了。而且也希望一月二十三日来。这话，给与我莫大的安慰，他走时，我亲自送到大门口。

以老三老四对我而论，本来都是一样亲爱，但老三到那里去，总是拖累了他。他到了平原，两个月难得一封信，这个家拖累的他也够了。老四是比较家累轻的，到那里总有信。由这件事看起来，双生子是越大越变得凶了。平常人说双生子变得有限，那是靠不住的。

（原载1951年2月1日上海《新民报》晚刊副刊"晚会"）

我的爱喝茶是受了母亲影响（恨水）

凡是我的老朋友都喜欢叫我一声茶癖，我听了十分高兴。但是叫我茶癖的人，很少知道我是受母亲影响的。我的母亲戴老太太就

是个极爱喝茶的人。在我父亲手上，她喜欢喝龙井，我父亲死了，
她带着一群孤儿回潜山老家，她就改喝茶叶末子了。后来我能自立
了，把母亲接到北京、南京来过，母亲和我喝一样的茶，龙井与毛
尖。日本人来了，母亲避回老家，我远居重庆，不知道老人家喝什
么茶。后来日本人败了，母亲没法儿北上，就跟随四弟一处过，依
然是龙井与毛尖。一直喝到前年她去世。在这里，你知道名堂虽然
太多，但我们喝的就是这两样。

十几年前在上海，遇到了一个"茶王"。蒙他接我去专为喝
茶，他把花薰的茶叶四五洋铁桶子，全搬了出来。上海老虎灶有的
是，但要开水，那就要碰个人的运气。他临时叫人去买，是个不考
究水的人，然后他用小茶杯子，分了半杯茶叶给我，把开水一兑，
把家里有的什么小牙耙向杯子里一耙，这就得了。他说：这个喝
法，是真正南方人的喝法。怎么样？这是梅花的呀。再还来一杯水
仙吧？我除了说好之外，水仙花的只好等待下次了。我这个小茶
癖，这次算遇着大茶"圣"了。

有人说煮茶以江水为最好，并不对。像长江水那么浊，如何好
得了。还是要以山泉水为佳，这是山野居民的享受。中国各地，除
接近寒带者外，均产茶，唯名声有传与不传之别。吾人所说龙井，
出在西湖，小地方叫龙井，毛尖，是安徽六安所出。其实铺子里买
了龙井老尖，是不是西湖六安出的，那也只有天晓得。好在只要味
儿不错，出产地区，概所不论。我记得有一次到龙井小茶铺喝真龙
井去，只因老板放的茶叶太多，我这小茶癖闹得居然三月不知肉
味。可见吃什么东西到本地方吃，不一定是内行的。

（原载1951年3月10日上海《新民报》晚刊副刊"晚会"）

附二：采访实录

张恨水故乡情深：多部作品取材潜山

记者：简雅洁，2011年8月28日，《安徽商报》

摘　要：对故乡有很深的感情，创作的素材大多直接取材于潜山，每年过年都面向潜山的方向拜祭祖先……关于张恨水与安徽的关系，不单单是生活在这里，工作在这里而已，其间更充满着血浓于水的母子亲情。8月26日，记者就此采访了安徽省张恨水研究会副会长谢家顺。

关键词：感情

"张恨水是潜山岭头乡黄岭村人，原名张心远，'恨水'笔名取自李煜词'自是人生长恨水长东'。"谢家顺说，作为20世纪安徽的历史文化名人，张恨水是安徽的一面旗帜，对于他个人来说，对故乡的深厚感情从很多细微之处表现出来。"他虽然在江西南昌出生，可始终认为自己是潜山人，而在他的小说、散文作品里，对故乡的民俗风情，张恨水或进行直接描述，或将其穿插于故事情节之中，或回忆。"除了文学创作之外，张恨水起的笔名也有很多是取自安庆潜山，如他多次使用的"潜山人""天柱山人""天柱峰旧客"等。在谢家顺的介绍中，记者了解到，虽然张恨水的晚年生活在北京，可是每逢过节他还是遵循老家安庆的风俗拜祭祖先，"一般是面向南方，潜山的方向。"

关键词：交友

"在交往的安徽名人中，张恨水最仰慕的当属陈独秀，当年他从芜湖赶往北京想报考北京大学的时候，就是因为陈独秀是北大文科的学长。"谢家顺告诉记者，虽然当时因为工作压力张恨水没能考上北大，但是后来在重庆张与陈独秀有了接触。1938年7月初，陈独秀乘船抵达重庆，张恨水闻讯后，与张慧剑等报界同仁及高语罕（陈独秀挚友）登门拜访，并替其设宴洗尘。"张恨水写过四五篇文章纪念陈独秀，1942年陈独秀与世长辞。张恨水闻此噩耗，以《陈独秀自有千秋》为题行文，刊登于1942年6月2日的《新民报》。"之后，张恨水在陈独秀逝世后的一个多月，再次撰文悼念陈先生。在谢家顺介绍中，记者了解到，除了陈独秀外，当时《新民报》的"三张"也是名噪一时的。"张恨水、张友鸾、张慧剑，三人感情极其深厚，被称作三个徽骆驼。"此外，在重庆期间与他交往的高语罕、堂兄张东野，以及引荐他到《皖江日报》的挚友郝耕仁都与张恨水交情极好。

关键词：足迹

虽然出生在江西，可是安徽对张恨水的影响最深，他在安徽也留下了很多珍贵的回忆。"1905年，因父亲病逝，10岁的张恨水随母亲回到老家潜山读书，当时即有了'少年才子'的称号。"谢家顺告诉记者，张恨水在安徽走上了新闻道路，1918年2月，他经挚友郝耕仁介绍到芜湖《皖江日报》任总编辑兼编文艺副刊，在工作期间养成了他敏锐独特的眼光和社会洞察力。"最忙的时候，张恨水要为各地报纸同时写七部长篇连载小说，从此走上报人之路。"1919年秋，张恨水离开芜湖到北平（今北京），并于1921年任芜湖《工商日报》驻京记者。1937年，张恨水因病到芜湖住院治疗，病愈后回故乡潜山县城，1938年初，离开潜山。"1946年春，抗战胜利，张恨水从重庆回故乡安庆，受到安庆各界名流的盛情款待。"谢家顺说，张恨水最后一次回故乡是1955年夏天，"他是只身南游，经合肥抵安庆，回到阔别十年的故土。"而看见家乡面貌的变化，使张恨水激动不已，回北京后，他便写下中篇游记《南游杂志》，发表于香港《大公报》。

关键词：事件

"张恨水在芜湖掀起了最早的学生运动。"谢家顺表示，1922年，张恨水应邀在《工商日报》连载长篇讽刺小说《皖江潮》，后被芜湖学生改为话剧公演，这也是张恨水作品首次走上舞台。而在抗战期间，张恨水还在潜山发表过一次演讲。"1937年12月南京失守之前，张恨水将一家老小三十多口人，从南京撤迁到老家安徽潜山黄岭故居。张恨水应潜山抗日动员委员会之邀，做了题为'国家兴亡，匹夫有责'的演讲。之后，张恨水又应邀到梅城小学做题为'我们一定能取得抗日战争的最后胜利'的演讲，引起了轰动。"

关键词：皖江文化

植根于安徽的皖江文化也对张恨水产生了极大的影响。"皖江文化对他的人品及文品的滋养与影响起到很大作用，特别是天柱山雄浑厚重、顶立率性的山品与敦仁坚毅、淳朴务实的民性相融洽的地域环境中所生发出的独特人文历史气象熏陶了张恨水，使他的为人与为文显现出忠厚坚毅，朴素勤俭。"谢家顺说，皖江文化提倡勤勉、节俭，重视伦理、教育，鼓励读书，提倡诚信、开拓、创业等进取向上的精神特质对张恨水产生影响，使得他成为一名具有爱国心，富于正义感的作家，而在其作品里的审美取向、皖江文化的隐性传承也是显而易见的。此外，张恨水以文学形式形象记载了20世纪初皖江地区的山川景物、民俗风情，也成为后人一种形象的历史文化教科书。"皖江文化哺育了张恨水，张恨水弘扬了皖江文化，两者互动发展，成为皖江画廊中的不可或缺的组成部分。"

第二章　芜湖：皖江潮头勇自立

[导语]　芜湖简称"芜"，别称江城，位于长江三角洲西北部，南依风景秀丽的黄山、九华山，北临江淮平原，居华东中心位置。独特的地理位置，使其成为区域性经济、文化中心。素有"江东名邑""吴楚名区""长江巨埠，皖之中坚""云开看树色，江静听潮声"之美誉。

民国时期芜湖的标志中江塔

　　独特的区位优势和悠久的文明历史，使各种文化在此交流、融合和碰撞，造就了芜湖文化的开放性、包容性和商业性的特征。屹立于长江、青弋江两江汇合处的中江塔承担着往来商船的航标作用；米市（与无锡、长沙、九江并称江南四大米市）、十里长街曾经吸引着无数淘金者和追梦者；环绕横亘的青弋江演绎了众多徽商自芜湖成名发迹、走向全国的传奇故事；吴头楚尾的文化传承，使芜湖与江浙沪有着天然的文化沟通和经济交流。

民国时期国外明信片中的芜湖中江塔

　　20世纪初，孙中山、胡适、陈独秀、张恨水、阿英等一批思想家、文化名人在此传授新知识、新理念，芜湖成为安徽新文化运动中心。

第一节　张恨水芜湖生活纪事

1918年（民国7年），23岁

1月，郝耕仁来函，推荐张恨水到芜湖《皖江日报》做编辑，并告诉他：大作《未婚妻》（注：1916年，在潜山"黄土书屋"写的两个文言中篇小说之一）颇得朋友们赞赏，稿子已被《无锡报》的一位编辑拿去。得此消息，张恨水十分高兴。于是，根据《未婚妻》的笔法，又写了一篇《未婚夫》。

2月，"度过残年，凑了三元川资"，由家乡来到芜湖。经张九皋（注：张九皋，1887年生，谱名张可铣，号鹤皋，又鹤影，江苏溧阳人。著名报人。1910年春，协助谭明卿筹建芜湖《皖江日报》，任总编辑。1915年，自己创办芜湖《工商日报》。新中国成立后被聘为安徽省文史馆馆员，致力于芜湖地方史志研究。1963年病逝于安徽芜湖市。生前与张恨水多有交往）引荐，拜见了《皖江日报》经理谭明卿，经考核被任命为该报编辑，后任总编辑，并住在报社里。张恨水的任务是写"两个短评，和编一版副刊。"

这是张恨水记者生涯的正式开端。

[小评] 参加《皖江日报》工作，在张恨水的人生道路上是个重要起点，因为他毕生的正式职业就是记者、编辑，而写小说在相当长的时间内只不过是一种副业。这是张恨水记者生涯的正式开端，也是步入报界的开始。

《皖江日报》为地方小报。共有编辑四人，加上工人，还不足二十人。"当时张九皋月薪八元，李洪勋六元，曹某五元，给我也定了八元。……我自己有个房间，可以用功。"（《我的创作和生活》）因消息闭塞，稿件很少，所以办报主要靠剪刀。张恨水决心打破这种状况，以自己的创作，开拓出新的局面。"我每日写一段小说闲评。另外我找了两个朋友的笔记，也放在副刊里连载。这个

举动，在芜湖新闻界，竟是打破记录的，于是也就引着有人投稿了。"（《写作生涯回忆》）

春天，早期习作《紫玉成烟》（1916年，在潜山"黄土书屋"写的两个文言中篇小说之一）在《皖江日报》副刊发表，结果"很得一些人谬奖"。张恨水很受鼓舞，又撰一部白话长篇言情小说《南国相思谱》在报上连载。张恨水此时的创作，受《花月痕》影响很深，"完全陶醉于两小无猜，旧式儿女的恋爱中"，形式上"偏重辞藻，力求工整"。

1919年（民国8年），24岁

在芜湖《皖江日报》，"报社除供我膳宿之外，本来月给薪水八元，因为主人高兴，增加了百分之五十，加为十二元。我反正没有嗜好，这时又没有家庭负担，也就安居下去。"此时，张恨水除了利用闲暇时间阅读《词学全书》《唐诗十种集》外，还写小说。并开始了解上海的《晶报》。

[按] "我对于《晶报》，向来是个爱护者。记得《晶报》初出世的时候，我在芜湖《皖江日报》当编辑，恰值经理谭明卿先生由上海回去，对同人少不得礼品相赠，他送我并无别物，却是一卷《晶报》。"（《我与晶报》，1933年3月3日上海《晶报》）由此，开始了解了《晶报》并与其结下了不解之缘。

与郝耕仁在芜湖《皖江日报》戏作《丑奴儿·与郝耕仁合作》。（见1946年5月21日北平《新民报》副刊"北海"）

[引] 原文题为《编部旧谑》，署名"旧燕"，全文如下：三十年前，与大颠同编《皖江日报》，予看大样，时有错字。大颠立在编辑桌上，填半阕《丑奴儿》调予曰："三更三点奈何天，手也挥酸，眼也睁圆，谁写糊涂账一篇？"予亦于纸角立答半阕曰："一刀一笔一浆糊，写了粗疏，贴也糊涂，自己文章认得无？"大颠笑而佳之曰："实也。此等游戏，难求于今日之编辑部矣。"

年初，在芜湖期间，又撰白话短篇小说《真假宝玉》（注：3月10日至16日连载，系白话滑稽小说，约三千字。讽刺当年演《红楼梦》的演员。1919年收入姚民哀所编短篇小说集《小说之霸王》。曾被1930年11月23日北平《世界晚报》副刊"夜光"转载。《皖江日报》因原报现已无法查到，所以这是目前查到的张恨水小说首次见诸报刊的文字记载。）和白话中篇章回体讽刺小说《小说迷魂游地府记》（注：4月13日至5月27日连载，约一万字。这是张恨水作品第二次被收入书本子里。"第一次是民国5、6年的事，那时天虚我生〔上海《新申报·新自由谈》编者陈蝶仙——笔者注〕，他曾征'秋蝶诗'，限用王渔阳《秋柳》原韵。我应征作了四首，录取了一部分，载在天虚我生的《苔岑录》里面。抗战时在重庆遇到陈先生，我还谈及此事，他觉得恍然隔世了。"）在上海《民国日报》副刊"民国小说"上刊出，后均被姚民哀收入《小说之霸王》集子中。

[小评] 《真假宝玉》是借真宝玉之口批评和嘲笑在《红楼梦》一剧中扮演贾宝玉、林黛玉的京剧演员查天影、欧阳予倩、梅兰

芳、姜妙香、陈喜祥、麒麟童（周信芳）等人，虽然就人物扮相来说，某些批评有道理，但却过于夸张。

《小说迷魂游地府记》描绘了一幅辛亥革命前后直至五四运动前夕，北京、上海出版界和市民精神生活的真实图画，表现了作者的正义感和某些好的、比较正确的文学观，尽管其艺术水平不高，在社会上也未引起多大的反响，但它是现存的张恨水发表最早的作品，对于研究张恨水文艺思想和创作历程，有着重要的价值。

对于最初的创作，张恨水自己说，"当年写点东西，完全是少年人好虚荣。虽然很穷，我已知道靠稿费活不了命，所以起初的稿子，根本不是由'利'字上着想得来。自己写的东西印在书上，别人看到，自己看到，我这就很满足了。我费工夫，费纸笔，费邮票，我的目的，只是满足我的发表欲。"

5月4日，震撼全国的五四运动爆发，全国人民反帝反封建的斗争，打倒孔家店的怒吼，使张恨水"受到了很大刺激"。不久，张恨水因事去上海"亲眼看到了许多热烈的情形"，返芜湖后，马上办起了介绍五四运动的周刊，宣传一些新文化运动的观点。但张恨水自幼爱好古典文学，装了一肚子词章，对于新文学界主张文学革命的主张"虽然原则赞同，究竟不无保留"（注：见张友鸾发表于《新文学史料》1982年第1期《章回小说大家张恨水》一文）。张恨水后来回忆说："那时候，我们都很幼稚，没有什么明确的观点，看见别人示威游行，我们三两个人，手上拿了小旗子，站在报馆门口，跟着喊口号"（注：见张明明《回忆我的父亲张恨水》一书）。

5月18日（阴历初三），在全国掀起的抵制日货高潮中，芜湖群众把日本草席钉在路旁电线杆上，上写"若用日货，男盗女娼"。
（注：见1919年5月21日上海《工商报》）

5月19日（阴历初四），芜湖街面上，出现了一个卖艺的人，在安徽军阀倪嗣冲派兵保护下，大放媚日言论，在群众反对下，此人逃进中山路日本人所办"丸山药店"中。

5月20日（阴历初五），日本驻南京领事馆，以芜湖人仇日排外为名，派日本兵一队来到芜湖，荷枪实弹，耀武扬威，在芜湖街面上，高呼"日本大帝国万岁"，向中国人民挑衅。日本军人的可耻行径，激起了芜湖人民的极大愤慨。

当天下午，张恨水面带酒意，在《皖江日报》编辑部对工友们说："今天什么日子？"答："五月初五。"问："纪念什么人？"答："屈原。"问："屈原为谁而死？"答："为祖国。"张恨水又说："今天日本人欺人太甚，我们岂能置之不理。"在张恨水的鼓动下，编辑部二十余人，扛着大旗，高呼口号，在日本人所办"丸山药店"门前，往返数次。鸣皋《有趣的示威》（1957年1月17日《芜湖日报》）一文描述了当时情形："丸三药房斜对面就是皖江日报社，这时小说家张恨水（该报副刊编辑）吃了两杯雄黄酒，爱国热情不禁沸腾起来，提议吃饭后也到马路中间去三呼'万岁'。全社职工二十多人一致同意。由张恨水掮着旗子，大家突然从社内跳跃到街心，三呼'中华民国万岁'后，立时退入报社。"张恨水后来回忆说："那时候，我们都很幼稚，没有什么明确的观点，看见别人示威游行，我们三两个人，手上拿了小旗子，站在报馆门口，跟着喊口号"。

这次游行，鼓舞了群众的反日士气，被芜湖人民称为"爱国义举"。

秋天，在朋友王夫三（注：王夫三，又名王尊庸、慰三，歙县人，为芜湖《皖江日报》《工商日报》北京特派员。1933年任《时事新报》驻南京记者时遭人暗杀。）的鼓励下，辞去《皖江日报》总编辑职务，典当了行李，"我又把皮袍子送进'当铺'当了"（《我的创作和生活》），并"在南京亲友（注：指在南京下关开设瀛台旅馆的亲戚桂家老伯桂希贤）那里借了十块钱（注：张恨水亲友回忆说八块银元），我就搭津浦车北上。"（《写作生涯回忆》）来到北京，准备报考北京大学。

1921年（民国10年），26岁

兼任芜湖《工商日报》驻京记者。

1922年（民国11年），27岁

应芜湖朋友之邀，创作长篇小说《皖江潮》，于芜湖《工商日报》连载，并被芜湖学生改编话剧公演，这也是张恨水作品首次以另一种文艺形式出现于舞台。

[小评]　《皖江潮》是张恨水最早的重要作品，这部小说为他以后的"社会小说"奠定了基础。"皖江潮"三字，隐喻、形容人民要求自主、争取自由的时代潮流，就像澎湃的长江巨浪一样，不可阻挡。

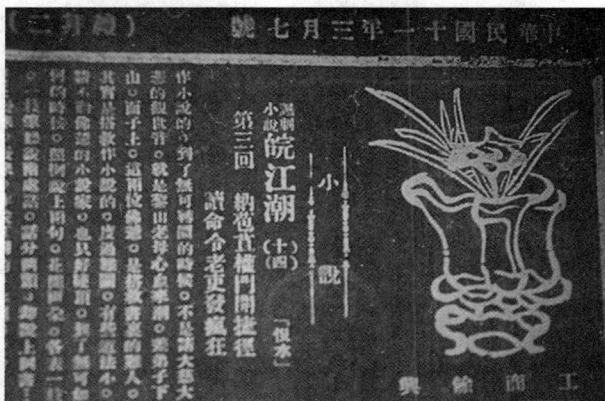

民国11年三月七日《工商日报》载《皖江潮》（十四）

《皖江潮》为白话章回体小说，仅创作上部，连载至本年7月27
日，计十一回，一百〇三次，约八万字。未完。这是张恨水的作品
首次以另外一种文艺形式出现于舞台。内容写安徽自治运动。从写
作时间来说，应是他初期作品的最末一篇，从思想内容和艺术形式
上看，属于第二期作品的第一篇。因为他由此开始从旧式言情小说
的窠臼中摆脱出来，走向讽刺和谴责的社会言情创作路子。是其从
事写作以来的重要转折点。

在北京，张恨水工作繁忙，简直"成了新闻工作的苦力"。张
恨水没有心情，也没有工夫去搞文学创作了。因此，在《皖江潮》
后的四五年内，张恨水再也没有写过小说。

是年，家由潜山移居芜湖。张恨水尽其所得，除自己吃用外，
全部汇往芜湖，赡养家小，供弟妹上学。（见张恨水《写作生涯回
忆》）

[按] 据郝漾《回忆我父亲郝耕仁与名小说家张恨水的友谊》载，"1922年（注：应为1921年）他（张恨水）托他二弟把家属接到芜湖安家，由我父亲照料。我父亲也把母亲和我接到芜湖住家。父亲为了照顾方便，就把两家合为一家，在芜湖太平街租了一所住宅，雇了一个女佣，在一锅吃饭。恨水先生一家六口（他母亲和两个弟弟、两个妹妹及一女眷）、我一家三口（父母和我）是一个大家庭。"其时，郝耕仁在省立芜湖二女师教书，并在省立第二甲种农业学校、萃文教会学校兼授国文。郝耕仁发表于1923年4月2日芜湖《工商日报》的《为划地绝交答恨水》一文也记载了此事。

是年1月，返芜湖过春节，探望母亲。不久，回到北京。

1925年（民国14年），30岁

是年，把家小由芜湖移居北京。

1937年（民国26年），42岁

7月7日，卢沟桥事变发生，日本帝国主义对中国发动了全面战争。

8月15日，日本飞机空袭南京。《南京人报》发行受到影响。

10月，因劳累过度而病倒。

11月，因病离开南京前往芜湖弋矶山医院就医疗养。月底病愈后与其家眷在安庆会合，尔后暂避潜山。

12月初，南京陷落前四五日，《南京人报》被迫停刊。

1946年（民国35年），51岁

2月15日，张恨水只身由安庆经芜湖至南京时，夜宿芜湖与张九皋见面畅谈别后感受。1948年8月18日的北平《新民报》画刊《江南铁路》一文"三十五年二月，笔者正由故乡安庆进京，坐小轮到了芜湖，预备由京芜火车入京……"记载了此事。这是张恨水最后一次到芜湖。

第二节 有关张恨水芜湖生活诗文选辑

[提要] 芜湖，是张恨水新闻生涯的起点，是芜湖，使张恨水接受了五四爱国运动的洗礼，这在张恨水生活史上，具有极其重要的意义。张恨水从交通闭塞、民风古朴的潜山来到芜湖，自然更敏感地认识到当时人民的苦难深重，从浪迹运河岸边的邵伯镇到生活在江城芜湖，这段不算很长的经历，使张恨水目睹了社会上的种种黑暗和中华民族深重的危机。动荡的生活经历，除了帮助张恨水积累了大量披露旧中国的素材之外，也激发了张恨水的爱国主义感情。使得张恨水没有被生活击垮，而是追求更高的人生目标——去北京求学，谋生，寻求更大的发展空间。从这一角度来说，这段生活为张恨水到北京的新闻编辑生涯奠定了坚实的基础。

篇一 病壮士——两年前事之一

前岁十月，疗病芜湖弋矶山医院，居东楼。推窗面临大江，长江碧静，三五白帆，如片羽翱翔天际。楼下山坡层叠，树木参差，俛俯足慰襟怀。时敌机正猛烈轰炸南京，京芜一衣带水之隔，警报一日数至。每汽笛长鸣，予辄支枕向窗外东望，念家无恙否，时予

家犹居南京郊外，未忍离此首都也。隔室一中年汉子，滁县人，病肺，以南京医院不能安居，就医于此，每闻警报，辄跃起，握拳向空遥击。一日谓予曰："然则奈何？"彼曰："即归滁县，冀有所补于乡里耳。"明日，此君迳出医院，医生强留之不可。当其出院下山时，予杖策至院门目送之。见其昂首直行，不稍稍左右顾。时则天高日晶，疏林落水，披襟当风，真有秋高马肥之想。知其事者，均慨然曰：壮哉病夫也！又三日，予亦强出医院矣。

匆匆两年，犹如昨日事，西风落照之前，每复念之。

（原载1939年10月14日重庆《新民报》"最后关头"）

篇二 江南铁路

由南京到芜湖这条铁路，不叫京芜铁路，而叫江南铁路。因为那路后来延长了，可以达到宣城。据战前的估计，这条铁路，可以尽量地延长，达到江西境内，和浙赣铁路接轨。

三十五年（注：公元1946年）二月，笔者正由故乡安庆进京，坐小轮到了芜湖，预备由京芜火车入京。可是在船上就听到江南路面拆卸下来补救津浦路的消息。赶到了芜湖登岸，首先打听这件事，果然不错，明日是这条路通车的最后一天，而且班次也就改为两次，甚至两次也靠不住。笔者一宿没睡，在风霜满天的情况下，天不亮就赶上车站，虽然买到了一张头等票，上车之后，还是没有座位。二等更不必提了。当时在车上的人，都是叹息着，好好的一条路，忽然的不通了，但是一转念头，拆了这条路去补津浦路，那总是沟通南北的一件好事，所以也就转忧为喜。谁知津浦铁路，直到现在，还没有通，而这条路又复原了。试问：这里面有多少戏剧性呢？

（原载1948年8月18日北平《新民报》画刊）

篇三 覆香谷电

芜湖工商报香谷宗先生鉴：鱼电奉悉。水于真日迁入铁门七十三号丁院，为近市以卜居，非择邻而出谷，偶攀旧苑之花，会逢其适，欲追前人之迹。事已成尘，余音何在？空梁落旧燕之泥，往日无多，长夜忆隔江之曲。理在三耳之外，有闻无闻；曲藏一枕之中，似梦非梦。叹龟年之已老，难窃霓裳；感宋玉之多情，寄怀香草。天水楼中，自视为无限佳话；夕阳庐畔，仅添一则趣闻而已。欲知绕梁余韵之真情，请问信口开河之大个。专电奉覆，即请垂察。长天一色楼主人叩真。

（原载1924年3月16日芜湖《工商日报》）

篇四 鲁港

二十年前，笔者曾一度至鲁港，一小镇也。于港之西岸，即河流出长江处。港两岸均有长堤，夹河直达南陵县城，实为芜湖上游天然屏障。

（原载1938年1月24日重庆《新民报》）

篇五 写作生涯回忆

十一、写作出版之始

上面这段流浪生活，我为什么写这样多呢？因为这和我的写作，是大有关系的。一来和郝君盘旋很久，练就了写快文章。二来他是个正式记者，经了这次旅行，大家收住野马的心，各入正途，我也就开始作新闻记者了。

我已不敢在上海过冬，上次几乎病死在上海，有了莫大的教训。在西风起，北雁南飞的日子，我就回故乡了。

这时，我更遭遇着乡人讥笑，以为我是一个绝对无用的青年。甚至有人说读书如读得像我一样，不如让孩子们看一辈子牛。我也不合乡人深辩，我倒是受了郝君的影响，致力古文。我家里有许多林译小说，都拿出来仔细研究一番。过了两个月，郝君也回来了。他写信告诉我，我写的那篇《未婚妻》，放在网篮里，没有带回，经朋友传观，十分赞美。有家无锡报馆（注：指《锡报》）的编辑，把这稿子拿去了，有心约我去帮忙。同时，芜湖有家报馆（注：指《皖江日报》）要他去当总编辑。但他开春要到广东去，愿意把职位让给我。我得了这消息，十分高兴，高兴得有一份职业还在其次，而我写的小说，居然有被人专约的资格，这是我立的志愿有些前途了。于是我根据《未婚妻》那个中篇笔法，再写了一篇《未婚夫》。

苦闷地在家里度过残年，凑了三元川资，由家乡去芜湖。工作进行得很顺利，和报馆（注：指《皖江日报》）当事人一席谈话，就约定了我当总编辑，当时就搬进报社去住。当年内地的报纸，除了几条本埠新闻，完全是用剪刀。那家报馆剪材料的，另有专人，我的责任是两个短评，和编一版副刊。副刊本来也是剪报的，我自然不肯这样干。我自己新写了一个长篇，叫《南国相思谱》，完全是谈男女爱情的。

那时我才足二十四岁，这样的小说名字，我并没有感到过于艳丽，于今想起来倒有些言之赧然了。同时，我每日写一段小说闲评。另外我找了两个朋友的笔记，也放在副刊里连载。这个举动，在芜湖新闻界，竟是打破记录的，于是也就引着有人投稿了。

居停的太太，喜欢看我写的小说，居停却赞美我的小说闲评。

报社除供我膳宿之外，本来月给薪水八元，因为主人高兴，增加了百分之五十，加为十二元。我反正没有嗜好，这时又没有家庭负担，也就安居下去。

在芜湖住了两个月，觉得很闲。而箱子里只带了一部《词学全书》，一部《唐诗十种集》，又无书可看。于是我借了多余的工夫，再写小说。我先写了一个短篇，叫《真假宝玉》，是讽刺当年演《红楼梦》老戏的，试寄到上海《民国日报》去。去后数日，编者很快来信，表示欢迎。因之，我又写了一个中篇章回，叫《小说迷魂游地府记》。也投寄《民国日报》，他们连载了将近一月，竟引起上海文坛很大注意。这两篇都是白话体，前者约三千字，后者约一万字。后来这两篇小说，被姚民哀收到《小说之霸王》的集子里去了。把我的写作印在书本子里，这是第二次。第一次是民国五、六年的事，那时天虚我生（《新自由谈》编者陈蝶仙的笔名）编《新申报》的《新自由谈》，他曾征"秋蝶诗歌"，限用王渔阳《秋柳》原韵。我应征作了四首，录取了一部分，载在天虚我生的《苔岑录》里面。抗战时在重庆遇到陈先生，我还谈及此事，他觉得恍然隔世了。

当年写点东西，完全是少年人好虚荣。虽然很穷，我已知道靠稿费活不了命，所以起初的稿子，根本不是由"利"字上着想得来。自己写的东西印在书上，别人看到，自己也看到，我这就很满足了。我费工夫，费纸笔，费邮票，我的目的，只是满足我的发表欲。

十二、北京的初期

这是民国八年，夏初，五四运动发生了。当然，我受着很大的刺激。就在这运动达到最高潮之时，我因有点私事到上海去，亲眼看到了许多热烈的情形。因此我回到芜湖，那一颗野马尘埃的心，又颤动了。我想，我还不失求学的机会，我在芜湖这码头上住下去，什么意思呢？于是我一再的向社方请辞，要到北京去。社方因我待遇低廉，不肯让我走，拖了两三个月。

我为什么要到北京去呢？因为有几个熟人，他们都进了北大。他们进北大，并非考取的。那是先作旁听生，作过一年旁听生，经过相当的考验，就编为正式生了。这样一条捷径，我又何妨走走。自然我还是没有学杂费，但朋友们写信告诉我，可以来北京半工半读。在这年秋季，于是我把所有的行李当卖了，又在南京亲友那里借了十块钱，我就搭津浦车北上。……

十三、新闻工作的苦力

在北京的第二年，芜湖有家报馆（注：指《工商日报》），约我替他写篇小说。我就以当时安徽的自治运动，写了一个上八万字的长篇，叫作《皖江潮》。这部小说，特别地带着安徽地方色彩，在他省人看来，是会减少兴趣的。所以那篇小说能登在报纸上也就算了事，并无任何出版计划。但芜湖的学生，却利用了这小说里的故事，一度编为剧本，并曾公演。我的文字搬上舞台，这要算是初次了。

……

不过在新闻工作上，我却是成日的忙。除了那个驻京记者办事处之外，我自己也担任了两份新闻专责。一份还是和天津《益世报》写通信，一份是芜湖《工商日报》的驻京记者。由上午九点钟起，到下午五六点钟止，我少有空闲的工夫。由民国八年秋季起，到民国十年冬季止，我就这样忙下去。其间只是十一年的旧历年（注：公历1922年），我回了一趟芜湖，探访母亲，此外没有离开北京。因为我为了弟妹们念书，已托二弟把家眷送到芜湖住家了。

我是个失学青年，我知道弟妹们若再失学，那是多大的痛苦，所以我把在北京所得的薪资，大部分汇到南方去，养活这个家，也唯其如此，我成了新闻工作的苦力，没有心情，也没有工夫，再去搞什么文学。

（原载1949年1月1日至2月13日北平《新民报》）

篇六　我的创作和生活
五、到芜湖当报馆编辑

在上海找不到出路，郝耕仁和我只好各自离去，他回芜湖报馆当编辑，我回家去自修。半年以后，郝耕仁给我来信，他要到湖南一个部队朋友那里去作事了，芜湖《皖江日报》编辑的事可以由他保我接任。我决计边学边作，就向母亲要了四元钱路费动身到芜湖去。

我的记者生涯开始了，这时我已二十四岁。《皖江日报》的编辑张九皋领我会见了谭经理，他们信得过郝耕仁，也就信得过我。分派给我的工作是每天写两个短评，还要编一点杂俎，新闻稿子缺少，就剪大城市报纸，工作并不难。我初作头一天怕不合适，把短评给经理看，他说很好，我心想这一碗饭算是吃定了。另外几个编辑是能编不能写。当时张九皋月薪八元，李洪勋六元，曹某五元，给我也定了八元。一共就是我们四个人在编辑部里，张九皋自己在外面还办了一个《工商日报》，曹某在那里兼校对。李洪勋在《皖江日报》编地方新闻，照例各公署会给他一点好处。我倒也不在乎钱多钱少，好在伙食相当好，待我也客气，我自己有个房间，可以用功，因此种种，我倒很安心工作。到了晚上，作好了两篇短评，就和李洪勋上街去玩玩，吃碗面，再来几个铜板的熟牛肉。

李洪勋说："你老兄笔墨很好，要是到大地方去，是很有前途的，何必在这里拿八元钱一个月呢。"我说："你这话也许不错，但是要慢慢地来，我碰了不少钉子，凡事要有一定的机会。"不久，报馆里知道我是呆不长久的了，谭经理就给我加了四元月薪，还许愿说，将来给我在马镇守使那里兼个差使。其实我对钱并不看得那么重，我对谭经理说不必多心。

一九一九年，五四运动起来了，南北青年都很激动。我们也很关心，就在报上办起周刊一类的东西。经理看着我们办，也不说话。

报馆里除了我们四个编辑外，有一个人专收广告，一个人专管财务，三个人摇机器。只有一架平版机，排字房里有十来位工人，一天印个千把份报纸，每日下午三四点钟，就得等看上海报，以便剪用。

上海的《民国日报》是国民党办的，有一个《解放与改造》副刊，我的第一篇小说就在那上面发表，一起是两篇：《真假宝玉》和《小说迷魂游地府记》，一共一万多字。《民国日报》很穷，也是不给稿费的。后来出了书，名为《小说之霸王》。我在《皖江日报》上写的《皖江潮》长篇小说，因我去北京而中止。（注：此处所叙《皖江潮》自1922年2月22日起在芜湖《工商日报》副刊《工商余兴》连载，而非《皖江日报》，作者记忆有误）

我上北京，是一个叫王夫三的朋友鼓励我去的。他在北京，因事南下时碰到我，保我能在北京找到饭碗。于是我就把皮袍子送进"当铺"当了，又蒙一位卖纸烟的桂家老伯借我一些钱凑作路费（注：此处"桂家老伯"是指在南京下关开设瀛台旅馆的亲戚桂家老伯桂希贤，"卖纸烟的桂家老伯"有误），动身去北京了。

（原载1980年第70期《文史资料》）

篇七 我与《晶报》

我对于《晶报》，向来是个爱护者。记得《晶报》初出世的时候，我在芜湖《皖江日报》当编辑。恰值经理谭明卿先生由上海回去，对同人少不得有些礼品相赠，他送我并无别物，却是一份晶报。那个时候，晶报唱的调儿，是高□个一流，听了给人一个痛快。自此以后，晶报有时唱工字调，有时唱六字调，十四年来，我都爱听，直到于今，由三日刊变成一日刊，戏码加重，而功夫更是老到，很像杨小楼的连环套，得炉火纯青之致。这十四年来，一年或二年之间，偶然也向晶报投一二次稿，其间当然也有转交字纸篓的，可是登出来的也很多。而我的名字，向来便是真正王麻子，直署恨水。有那《晶报》的收藏家，也许可以找着我第一次稿是说什么。不过半年以来，我也偶然化名一两回。过了十四年，我理想中许我丰致翩翩的记者，都成了朋友。而大概也不成为我理想中的人了。我虽由投稿家，变成了一个每场必露的跑龙套，然而未免有树犹如之感了。今年的纪念，我恭逢其盛，是可引为欣慰的。我很希望明年此时，我捧场的稿子，由北京用快信寄到报馆来，而这种希望，也许就是《晶报》及读者所同希望的呢。

（原载1933年3月3日上海《晶报》）

篇八 闲话：伤心人语（一）

客馆灯青，风摇壁撼。倚枕听雨，不知更尽。江干旅舍，夜可听潮。雨窗拥被而卧，闻夜涛奔拜，檐溜淅沥，愁肠百结，转生恐怖。春草青青，故人深卧，只鸡斗酒，攀杨恸哭。欲以诗，一字不得。

三年一归，母亲倍老，未及十日，忽又拜别。老母送至门首，含泪盈眶，垂头急转巷角，不敢回头。

病重昏卧，不知身世。夜深忽少醒，念家山千里，事业未竟，不期枕之湿透。

饥来驱我，与俗人伍。目不愿见者见之，耳不愿闻者闻之，奈何奈何。

我未负人，人疑负我。方欲剖白，疑者已死，海枯石烂，此恨何极。

傀儡婚姻，期以白首。锦样年华，为谁老了。满池黎云，一钩残月。愁肠寸断，诗绪如潮。

（原载1922年8月19日芜湖《工商日报》）

篇九　为划地绝交答恨水（耕仁）

恨水前日在本栏发表一段《郝大哥之谑虐》的小文字。郝大哥者，耕仁也。内有《划地绝交》一节，语虽简括，然描摹当时情形，实在惟肖惟妙。我今见之，再一想象之，仿佛犹在上海法兰西洪兴里十三号楼梯口。噫，其司马子长之加倍写法乎？但是，划地绝交的旧剧，我俩也扮演过一次，当时我的言语态度，亦有足观者。你还记得否？如尚未忘，请再发表于本栏，以博阅者诸君一笑。

至于我和所谓秋者，于去年冬季，经皖、芜两处绅商，再三来函敦请，以却之不恭，又重新演过两次。（划地绝交）情形离奇，言论激烈，观之者皆同时把唾壶击碎。第一次剧本过长，不能备述，第二次剧本虽短，但亦无暇一一告你，兹记其紧要言论如下。

"……一行作吏……就什么都高人一等……我俩愈离愈远，现在一在天之涯，一在地之角，见面不见面，谈话不谈话，可以说老了也不发生关系。……岁莫天寒，归心似箭。……你走你的阳关道，我过我的独木桥。勉旃，毋多谈……"

这两次闭幕以后，又和好如初。鸣呼噫嘻！"昔年知己，大半凋零。垂老亲朋，渐归代谢。"（老八股月耕斋上的）自今思之，直觉无聊太甚也。我年来滥竽教席，日里上讲堂作先生，夜里在房间里作学生，有时因为需要太急的原故，手挥而目送之，简直不知东方之既白。你信上所举的（？？？）并几行（……）要我填起来，我只好遥向京华，好一个四十五度的礼，而执词曰："敬谢不敏。"

百花生日，解决（？）问题，亦信然乎？如不我欺也。将来一个这壁，一个那壁，到也没啥。不过居于秦楚之间者，恐有疲于奔命之险，勉之哉。

弟妹等皆好。毋念！老大哥耕仁。

（原载1923年4月2日芜湖《工商日报》）

篇十 谈张恨水（一鸣）

名小说家张恨水，安徽潜山人，民初与怀宁郝耕仁及其族兄张东野在沪，为韩烈士复炎罗致，从事倒袁工作。每日晨起即随耕仁至粥店，啜粥二三碗。然后往商务印书馆或中华书局及书业公会等处阅书，必待书局打烊始回法租界渔阳里。几至终日忍饥，归后卧地板上，犹高谈阅读所得，习以为常，不知其苦。间尝投稿于各大报副刊，竟遭弃置字纸篓中，此时恨水等灰心短气，直无可以言语形容。

迨袁死，沪上革命团体解散，耕仁回芜主《皖江日报》笔政，恨水则归潜山。一日耕仁与余于编辑余暇，谈及小说，耕仁谓有小

友张恨水富小说天才，将来可能与曹雪芹、施耐庵媲美，余唯唯而
已。民六耕仁回石牌，得友人李某电邀，启程经汉口、长沙赴郴
州，特函介恨水来芜任《皖江》编辑，写中篇小说《紫玉成烟》，
此为恨水第一部在芜成名之小说。民七初夏上海发动抵制日货，余
与恨水密印传单，黑夜散布于马路一带鼓动响应。次晨天色微明，
马路点灯杆上，已订满日本货之草席、草帽，席上并画有乌龟及动
人标语，至八时许，日商丸三药房门前，围观者愈集愈众，有人以
石子掷入，击碎玻璃数块，交涉遥起，赔偿巨款解决。端午日上午
十一时许，日水兵一队由河南日领回舰，特绕道丸三药房门前，高
呼"万岁"以示威。恨水愤甚，即约全社同人于饮雄黄驱毒酒后，
乃以出如脱兔之姿态，手持国旗，冲入马路中心（丸三药房与皖江
报社望衡对宇，相距咫尺），同人随之，高呼"中华民国万岁"三
声，响彻云霄，马路行人及附近商店，均为之惊愕不置，及今思
之，殊有奇趣也。

　　十年秋，王尊庸慰三（歙县人，为皖江及本报驻故都特派员，
逐日拍发电讯），介绍恨水往北平，为上海《申报》写长篇通讯，
恨水抵平后，寓潜山会馆，暇则遍游故都名胜，乃以北平为背景写
长篇小说《春明外史》刊于《世界日报》（注：应为《晚报》），
回目对仗之工，堪称空前，为在北方成名之作。

　　嗣后少帅张学良，特张恨水为谘政，上海报界观光团北上出
差，恨水与钱芥尘同任招待，得识《新闻报》严独鹤，未久《新闻
报》"新园林"（注："快活林"）内，遂有《啼笑因缘》出现，
此为恨水小说驰誉南方之始。

　　恨水所著小说，既以故都为背景，日久枯竭，且言尽之作居
多，不免陈陈相因，所得资料亦感乏味。适其族兄东野，从政陇

东，任泾川、灵台等县县长，恨水爱作西北之游，以猎取题材背景。回故都后，即为《申报》"自由谈"写《燕归来》，《新闻报》所刊之《太平花》，本为非战小说，亦因"九一八"难作，于中途改变为抗战小说，小说成名非侥致，忍饥阅读换将来，此时日军势力侵入平、津，恨水不能再留北平，乃南归与张友鸾在京创办《南京人》小型报。

廿六年全面抗战，恨水因病先由京来芜，住弋矶山医院休养，寇军于金山卫登陆前后，即溯江西上入渝，住南温泉，与张友鸾、张慧剑，同为《新民报》主人陈铭德所罗致，编《新民报》渝版及蓉版，恨水所著《八十一梦》，为一种理想寓言式之小说，是时余在湘西浦市，曾阅及胜利还都一梦，后果应验。此外尚有《新水浒传》，亦风行于西南，近时所写之《巴山夜雨》《大江东去》《纸醉金迷》等，均系抗战时代，以巴蜀为背景者。

卅四年冬胜利东归，恨水系由陆路，绕道经贵阳、芷江、邵阳、衡阳、长沙至汉口，盖为小说材料计也，抵汉遇王耀武、余程万两将军，供给常德会战之实录，即已出版之《虎贲万岁》，此为恨水于古历除夕前十日过芜赴经（注：此处时间有误，应是1946年2月由安庆经芜湖到南京赴北平）时稿余者。

三十五年春，恨水应陈铭德之约，由京飞北平，主持《新民报》北平版，该报日出四开一张半，长篇小说竟多至三四篇，故风行北方。迄今恨水所写小说，已多达百种，虽届垂老之年，而其自信生命力甚强，将来究能写成若干数字，殊难预料，且抗战八年所收资料，亦极丰富，固无缺乏之虑也。

综观恨水从事新闻事业三十年，成为海内小说名家，虽富有写小说、编小型报之天才，然亦为民初在上海渔阳里滚地板、吃薄粥、书店中忍饥苦读所得来，决非侥幸所能成功，今之青年，亦有继之而起者否？

月前余辑恨水所著说部"春明双燕归来日，太平九九梦生花"代表作戏成七绝一首寄平，诗曰：

"啼笑秦淮一世家，烟沉玉紫感年华，春明双燕归来日，太平九九梦生花。"

（八十一梦，数成九九，而冈村宁次在京正式签逆降书，又为九月九日，岂真有数存于其间耶？）

（原载1948年7月8日芜湖《工商报》）

篇十一　有趣的示威（鸣皋）

在日本帝国主义对中国提出辱国丧权的"二十一条"后，各地人民纷纷自动起来，从事抵制日货活动。芜湖方面，在一九一九年农历五月初三的晚间，中山路上有人散发抵制日货的传单，同时长街也有人传递"鸡毛报"。"鸡毛报"是当时芜湖的一种特殊形式的传单，都是店员手写，报角上贴上两根鸡毛，写的都是比较激烈的话，报上不敢登，也不敢印上传单，如"抵制日货""打倒商会"等等。下不署名，但写上"如不传递，男盗女娼"等字样。由市区的一端传向另一端，主要是在长街一带活动。

初四日早晨，中山路的电线杆上钉了许多日本货的草帽、草席，有人还在草帽顶上画一个大乌龟，在席子上画些人，人口里喊着"如用日货，天诛地灭！"等等。这样一来路上的行人就越来越多，并对着日本商店丸三药房举行示威。（这家药房是日本驻芜的间谍机关，经常假借售卖"仁丹"为名，到内地各县镇测量地形，调查一切。这是该药房中国店员王友三说的，很多"老芜湖"都知道）同时还有人将修路的碎石子抛掷进去，击碎了两块玻璃。

这是一件很小的事情，但是驻芜日本领事马上小题大做起来，一面用电报很快调来一艘兵舰，一面对芜大镇守使马联甲大肆恐吓。马联甲慌了手脚，就在当日下午召开各界紧急会议，即派外交特派员到日领馆道歉赔偿，秘密了结。

初五日上午九时，日本水兵一大队登陆，整队前往河南日领馆。经过丸三药房门前，水兵高呼"日本帝国万岁"三声。不言而喻，这是对我国人民骄傲性的示威。

丸三药房斜对面就是皖江日报社，这时小说家张恨水（该报副刊编辑）吃了两杯雄黄酒，爱国热情不禁沸腾起来，提议吃饭后也到马路中间去三呼"万岁"。全社职工二十多人一致同意。由张恨水捅着旗子，大家突然从社内跳跃到街心，三呼"中华民国万岁"后，立时退入报社。

这一幕好像带着"戏剧性"的示威，自然是针对着丸三药房一群日本间谍的示威，但也表示了人民大众对帝国主义的"炮舰政策"是不甘屈服的。

（原载1957年1月17日《中共芜湖市县党史资料汇编第一辑》）

（注：篇十、篇十一作者一鸣、鸣皋，原名张九皋，系张恨水在芜湖《皖江日报》工作期间同事与好友。）

篇十二　回忆我父亲郝耕仁与名小说家张恨水的友谊（节选）

……我父亲一心要介绍恨水先生到芜湖报社工作，恨水先生走后，他就由上海到了芜湖。向《皖江日报》经理谭明卿、张九皋极力推荐恨水先生的才能（谭、张都是我父好友）。但他们没见过张恨水，仍要我父当总编。因为张九皋另办了《工商日报》，不能再兼《皖江日报》的总编了。我父亲为了把这一职务让给张恨水，就写信约他过了年（一九一五年）（注：实为一九一八年）立即到芜湖来，恨水先生到芜湖报社后，他的才能深得谭、张两位的信任。他在《我的创作和生活》中写道："他们信得过郝耕仁，也就信得过我"。实际上是他杰出的才华赢得了信任。从此恨水先生就开始了记者生涯。

我父亲把报社工作让给恨水先生后，就去了广东，他与广东一军界朋友约好，到广东任职。不料到广州后，那位朋友刚被杀害，他冒险收了尸，做了善后工作。朋友家属非常感激，送给我父亲一笔钱，父亲就借此机会游了香港、澳门、新加坡、海南岛等地。在南方浪迹年余，钱也花光，就回到安庆，在安徽省长公署谋到一公务员职务。以后中学教书，收入较丰。张东野一直在政界工作，也有点钱了。在安庆买了一片地皮，先盖起了十几间简易平房，约在一九一八年我父亲和东野先生就把他和恨水先生的两个妹妹（约十七八岁，失学在家）从潜山乡间接出来读书。因此，这两位妹妹把我父亲视同亲哥哥。恨水先生在怀念我父亲一诗中还充满感情地叙述了这件事。随后，恨水先生的家属也迁居安庆，我们三家从此就住在一起了。

一九一九年（民国八年）五四运动时，我父亲在省立芜湖二女师教书，并在萃文教会学校兼课。参与领导了安徽省的驱逐军阀马联甲的斗争（注：1920年夏，安徽教育界要求拨给教育经费，"六二"学运兴起，军阀马联甲竟开枪打死学生。），并代表芜湖中等学校教员联合会及学生会草拟了驱冯宣言。张恨水先生写了一篇《皖江潮》小说，记载这次自治运动，可惜因他去北京中止了。（注：民14至15年，郝耕仁曾任省立（芜湖）第二甲种农业学校教员，教授国文。）

恨水先生到北京在《益世报》当记者，两三年后收入渐丰，一九二二年（注：实为1921年）他托他二弟把家属接到芜湖安家，由我父亲照料。我父亲也把母亲和我接到芜湖住家。父亲为了照顾方便，就把两家合为一家，在芜湖太平街租了一所住宅，雇了一个女佣，在一锅吃饭。恨水先生一家六口（他母亲和两个弟弟、两个妹妹及一女眷）我家三口（父母和我）是一个大家庭。那时我还年幼，和他们家也在安庆同住过，以为就是一家人。我管他母亲叫奶奶，他的三个弟弟依次叫二、三、四叔，两个妹妹叫大姑、小姑。我在这个大家庭中年龄最小，全家都宠爱我，把我当作小玩意儿。

恨水先生是个孝子，对他母亲的意见从不违抗，他常和我父亲说，他母亲三十多岁就守寡，抚养了六个子女真不容易。有收入后，他自己省吃俭用，常从北京汇款来赡养母亲和弟妹。他对弟妹们也很友爱，把弟妹们上学以及婚嫁等事都认为是自己应尽的责任。因此弟妹们都很尊敬大哥，孝顺母亲，彼此间也很和睦。这样一个大家庭，从未出现过争吵之声，气氛非常和谐。

他家约于一九三三年（注：应为1925年）迁居北京。仅留他大妹在芜湖我父亲执教的女师读书，直至一九二六年（注：应为1925年）毕业。

（此文原载于《张恨水研究会会刊》第2期，作者系张恨水生前挚友郝耕仁长女，原名郝漾，又名何建明。中国人民银行原储蓄局顾问、离休干部。）

第三节　张恨水芜湖生活足迹寻访

鉴于张恨水与芜湖的特殊关系，自2006年起，笔者即开始多次赴芜湖寻找张恨水在芜湖的生活足迹与有关史料，十多年来，在《芜湖日报》社王中明、郭青先生帮助下，先后到芜湖市档案馆查阅有关《皖江日报》《工商日报》资料，实地寻找张恨水曾工作过的《皖江日报》社旧址，或张恨水芜湖生活足迹，或搜集与张恨水有关的实物，采访张恨水生前同事、著名报人张九皋后人，从多角度感受古城芜湖深厚的文化底蕴，以及张恨水与芜湖的情结。

一、人物访谈

张孝祥（2009年11月10日，安徽芜湖运泰集团《运泰报》主编张九皋长孙采访笔录，根据录音整理）：

五四运动前后芜湖与上海联系紧密，一般坐轮船，上海《新闻报》《申报》在芜湖设有临时代办点，相当于今天的记者站，设有通讯员。我祖父张孝祥与上海这些报纸均有接触，张恨水在《皖江日报》供职，与上海报纸联系就有了平台。我祖父是《皖江日报》的主编，也很支持张恨水创作。由于我祖父很多观点与《皖江日报》有分歧，为不损害该报利益，就自己创办了《工商日报》，担任社长，同时仍然担任《皖江日报》主编，不拿一分钱。《皖江日报》一直到1937年才停办。张恨水后来受聘为《工商日报》驻京记者。

我祖父与张恨水一见如故。1920年4月，全国报业联合会在北京召开第二次会议，我祖父属于邀请的对象，与张恨水睡在一起，两人谈得很开心。

我祖父大部分的立足点放在《工商日报》。该报五周年纪念时，祖父约请张恨水写了《皖江潮》，包括其他几位作家。他早期的小说在《皖江日报》，因为他是副刊编辑（具体情况需要考证，芜湖档案馆有存档，抗战期间，到三河镇办了小报，1954年发大水，许多资料散失了，小时看到许多珍贵的报馆照片都没有了）。

早期张恨水住在报馆，后来全家迁到芜湖。太阳宫是1949年后才有的，那时我家住在现中苏友好协会，就是现在的上二街（巷口，杨家巷），工商联对面，现在是商品房，院子是几进的（注：此处是指张九皋新旧住处）张恨水毛笔字写得很好，常有人请他写对联，一人在芜湖住在报馆里，后来全家迁到芜湖是租的房子。房子有三张桌子，同时写三篇小说，才思敏捷，毛笔字好，文章写得快，这是我小时候我父亲我妈说的。

我祖父在商界很有威望，乐于助人，经常给人以帮助，包括张恨水。

我祖父后来研究《易经》时找过张恨水，研究中国古代宇宙思想史。当时南京报社的排字工人现在尚健在。先在《皖江日报》，后到《工商日报》。

以下为2014年7月18日，在安徽潜山举行的"张恨水与文化自强"学术研讨会期间与张孝祥的交谈笔录：

1948年，著名的芜湖新闻事业开拓者、张恨水的好友、我的祖父张九皋用张恨水的书名写成七绝一首："啼笑秦淮一世家，烟沉玉紫感年华；春明双燕归来日，太平九九梦生花。"可以说是对他创作生涯的一个绝妙小结。张恨水先生的文学历程起步于芜湖，而

　　改变他人生，对其走向文学道路影响最大的人则是郝耕仁和我祖父张九皋。1913年张恨水在上海认识了郝耕仁，并与其结下了深厚的友谊。张恨水晚年曾说过，是郝耕仁改变了自己的人生，而张九皋则为自己的文学创作提供了一个可贵的平台。

　　郝耕仁是安徽怀宁人，比张恨水年长10岁，为人狂荡不羁，极爱饮酒赋诗，而且写得一手好魏碑。在上海参加东部同盟会，后与当时上海著名"天知派"话剧团任天知等人组织了进化剧团，他做副团长。1911年进化剧团来芜湖出演，《皖江日报》亦尽力代为宣传，因此郝耕仁与我祖父往来密切，进而逐步发展成挚友，这也是郝耕仁与《皖江日报》发生关系之始。1912年，郝耕仁经过芜湖，被特聘为《皖江日报》主笔，开始专门从事文化事业。民国二年（1913年），韩复炎等在沪组织秘密团体反袁，郝耕仁离开《皖江日报》，赴沪相助，同时前往的还有胡抱一、季硕夫、张东野、张恨水等。张恨水由此认识了郝耕仁，并与其结下了深厚的友谊。袁世凯复辟破产后，郝耕仁复回《皖江日报》工作，民国六年（1917年），季硕夫任粤军旅长，驻军湖南时又邀请郝耕仁相助，郝耕仁意欲南下革命，在抵湘前以函荐张恨水到芜湖《皖江日报》工作，于是便写信给张恨水，邀他到芜湖来，接替自己副刊编辑的职务，张恨水顾虑自己年轻又没有经验，不知是否能够胜任。郝耕仁则在信中鼓励道"他们信得过我，自然也信得过我推荐的人"。于是，张恨水凑了三元川资，来到芜湖见到时任《工商日报》社社长兼《皖江日报》总编辑的我祖父，并结识《皖江日报》社长谭明卿。我祖父比张恨水年长8岁，两人一见如故，我祖父安排他任《皖江日报》副刊编辑。我祖父正是通过郝耕仁的介绍认识了张恨水，至此，他两人结下了终身的友情，这年张恨水23岁。

张恨水来到芜湖后，他的才华得到了真正的发挥。他在《皖江日报》上连载的《紫玉成烟》是其长篇言情小说中的处女作，也是他首次正式公开发表的小说，是他从事文学创作的起点。

1919年秋，张恨水在好友王夫三的鼓动下，辞去《皖江日报》工作前往北京。

1921年，我祖父专心《工商日报》的编辑出版工作，聘请张恨水为《工商日报》驻京特派员，负责每日电讯等事宜。

郝耕仁此后先后担任萃文、二农学校国文教授历时十余年，抗战前三年其好友胡抱一在甘肃任庆阳专员，张东野任县长，他们一再函约，郝耕仁因革命奔走，足迹北至辽东，南达岭海，从未作西北之行，遂决计作为陇东之游，一年之后回芜湖。获所撰写长篇小说及笔记之材料甚为丰富，分载《皖江》《工商》两报副刊，市人争相传阅，脍炙人口。抗战爆发，郝耕仁先携带家人眷属回到石牌，之后，我祖父曾于1939年辗转深入湘西浦市，获悉郝耕仁先生的地址，连发两函，始终未见回音。1939年，郝耕仁在凉州病故后，张恨水哀恸不已，于1940年3月21日在重庆《新民报》上发表《哀郝耕仁》一文，对郝耕仁的道德文章表达出无限敬佩之情。而郝耕仁在给他的最后一封信中说的"少壮革命，垂老投荒"八个字，使张恨水感触尤深，终生难忘。为悼念故友郝耕仁，张恨水后来还把他这位引路老哥写进了小说《八十一梦》中。我祖父也得到了翟光炽由渝寄来的《新民报》，看到了张恨水的悼文，方知郝耕仁病故凉州，化为塞上鬼雄也。我祖父与郝耕仁相处最久、相知最深，他哀痛之余，赋诗一首哭之："君去西凉我入湘，无奈音书滞一方，忽报故人亡绝塞，遥怜老友又报荒。海上怒涛吞落日，陇头呜咽泣残阳，廿年相处情如水，今日悲君泪几行。"

张恨水与郝耕仁、我祖父的交往是一段珍贵的历史资料,也是研究张恨水早期文学思想和新闻观的重要线索。

郭青(2008年5月2日采访收藏爱好者、《芜湖日报》编辑笔录):

郝耕仁是安徽怀宁石牌人,比张恨水年长10岁,笔名大癫,清末秀才,很善诗文,思想新颖且勤学不倦,为人狂荡不羁,极爱饮酒赋诗,而且写得一手好魏碑。最初在上海剪鞒,参加东部同盟会,从事革命,后与当时上海著名"天知派"话剧团任天知等人组织了进化剧团,他做副团长,团中多为革命同志,其中韩复炎等思想尤为激进,郝耕仁与韩的关系甚为密切。1911年(辛亥春),剧团由沪溯江而上,先在南京演出,因为该团所编剧本均以反帝反封建为题材,所以内容有丰富的革命性和煽动性。讽刺清政府腐败极为深刻,故座无虚席。一天韩复炎等奉总部命赴广州举行起义,郝耕仁等送至下关作易水之歌,慷慨激昂。不料风云变色,韩等未抵羊城,举义之事已经失败——即"黄花岗"最动人之一役。不久进化剧团被清官吏注视,遂来芜湖出演于大戏院,《皖江日报》亦尽力代为宣传,因此郝耕仁与九皋先生往来密切,由认识而发生感情,是郝耕仁与《皖江日报》发生关系之始。当年夏天芜湖大水,马路成河,进化剧团转到汉口上演,这时川路剧团发生风潮,该剧团编写《川路血》煽动革命,清朝瑞方与鄂督瑞澂下令逮捕,幸该团事先得到消息,避入租界,化装分乘轮船逃回上海,郝耕仁先生则在九江下船,由陆路回石牌家中躲避,后到武汉起义,联军进攻南京时,郝耕仁得到消息即刻启程至沪,加入范鸿仙所组织的北伐铁血军,南北议和成功。1912年,郝耕仁经过芜湖,因为对时局有些失望,便应张九皋先生特聘,担任《皖江日报》主笔,开始专门从事文化事业。不久，他在芜湖结交了一大批进步人士，从此，报纸的文采更加丰饶，反帝反封建的内容更为浓厚。民国二年（1913年）袁世凯有称帝野心，韩复炎等在沪组织秘密团体反袁，郝耕仁离开《皖江日报》，赴沪相助，同时前往的还有伏龙、胡抱一、季硕夫、张东野、张恨水等都是韩的干部，张恨水由此认识了郝耕仁，并与其结下了深厚的友谊。

袁世凯死团体解散，郝耕仁复回《皖江日报》工作。民国六年（1917年），季硕父任粤军旅长，驻军湖南油榨墟，又邀请郝耕仁相助。郝耕仁意欲南下革命，在抵湘前以函荐张恨水到芜湖《皖江日报》工作，于是便写信给张恨水，要他到芜湖来，接替自己副刊编辑的职务。这年他23岁，从此开始了他的报人生涯。

1933年，张恨水和郝耕仁合著的长篇小说《马祸》，仍交《皖江日报》连载。

二、张恨水与中国传统文化学术研讨会

2008年，是张恨水从事新闻工作90周年，鉴于张恨水与芜湖的特殊关系，当年4月30日至5月1日，安徽师范大学联合中国现代文学研究会、《文学评论》编辑部、安徽省社会科学界联合会、安徽省文学艺术界联合会、安徽师范大学、安庆市人民政府共同举办了"张恨水与中国传统文化"学术研讨会。安徽师范大学文学院、潜山县人民政府、安徽省张恨水研究会承办了此次会议。

这次会议回顾了张恨水的新闻职业历程以及与文学创作的关系，将张恨水置于传统、现代文化的框架中进行讨论，既切合张恨水的文化人格和文学作品的基本面貌，也体现了现代文学、文化研究更为注重与传统关联的倾向。这个论述框架的包容

性，为此次会议提供了巨大的论述空间。会议论文多集中于"传统""文化"等关键词，同时不脱一般作家研究的知人论世方式，有论其作品的文化思想价值的，有论其为人处世，讨论张恨水个人与时代生活语境，有论其小说与民俗、侠文化、宗教文化的关系，有论其报人身份与文学的关系。绝大多数论文都能超越常识，进行深入的探讨。

　　会议一定程度地将张恨水研究引向了新的视野与空间。

　　会议认为，研究作家、作品是中国现代文学研究的基础，其持续稳定的发展有目共睹，但难得显示突出的成绩，这也是必须承认的。对此，学者强调要在更宽阔的视野上强化张恨水研究。作家研究面对的是一个什么样的对象，常常影响研究质量，针对当代出版界的张恨水作品"全集不全"现象，如何去补足缺少千万字的"全集"的空，这是一个要集中力量解决的问题。作家作品研究不能孤立地进行，就张恨水与老舍、张爱玲而言，都是重要的市民文化研究的个案，在比较视野中研究，质量会有所改观。张恨水这样的通俗文学作家，如何进入文学史，和新文学作家如何并置，张恨水如何在传统和现代之间定位，张恨水的语言与现代汉语叙事，都是有待探讨的问题。

　　会议还就张恨水与芜湖的关系作了史料梳理和学术层面的探讨交流。

三、《皖江日报》旧址

（一）关于《皖江日报》

《皖江日报》是张恨水新闻记者生涯的起点，在这里，他经历了新闻从业者素质的全面锤炼，由此打下了扎实的新闻从业基本功。因此，《皖江日报》对张恨水而言，具有特殊的意义。1987年编纂的《芜湖报刊志》对《皖江日报》作了如下记载：

《皖江日报》创刊于清宣统二年十一月二十日（1910年12月21日），直到1937年12月5日停刊，前后绵延出版27年之久。

宣统二年春，上海《申报》驻芜访员谭明卿与上海《南方日报》《中外日报》驻芜访员张九皋合作，筹组《皖江日报》。租用李姓的四开印刷机一架，由谭筹集资金。张赴沪购办铅字并调查沪地报社办报经验。同年冬季筹备就绪，《皖江日报》乃正式问世，日出报纸一张。最初，报社设在清和坊《风月谭》旧址，后迁移至大马路王金公祠对门（即今中山路41号）。

谭明卿任社长。聘请桐城人潘怒庵任主笔，张九皋任总编。在他们的主持下，《皖江日报》主要刊载启事、工商广告和商业行情。消息、文章虽然采用文言文体，但其内容着重宣扬救亡强国，鼓吹人权，重视副刊，受到各界人士的广泛欢迎，销数逐渐增加，业务日益扩大。宣统三年（1911年），主笔换为寿州人李警云（1911年芜湖光复后，任芜湖军政分府参谋长）。报社又特邀湖南长沙人黄怀沙撰写论文，江苏宜兴人邹秋士任副刊编辑，太平人王伯琴任助理编辑。1911年夏，芜湖遭水灾，该报短时停刊。大水退后复刊未几，适值辛亥革命（1911年10月10日，农历八月十九日）爆发，全国震动。当夜，邹秋士得到消息，赶回报社，时已拂晓，拼版已经上机，当即插入简讯报道武昌方面有激烈炮声，真相尚不清楚。到了第二、第三天，武汉旅客以及汉口报纸到芜，得到更多消息，遂编印《皖江日报》"号外"散发，最多时一日印发号外三次，报道革命形势的发展，消息比上海报纸要快两三天到，影响颇大。据搜集到的民国纪元正月初六日（农历辛亥十月十八日）报纸（第690号）一版，《皖江日报》报名系手书魏碑体，自右向左排列，下注有英文Anhwei Gazette（安徽官报），外围以粗大花边。报眉上方标明日期和"广告第一张第一版"字样。报名旁注"计售大洋二分"，大小为4开4版。

复刊后的《皖江日报》业务繁盛，报纸由每日出一张增加到日出两张半（4开10版）。在版面安排上以广告、启事为主。发行量激增达到二千份左右。当时为该报撰写论文和编辑副刊的还有闽侯人陈子范、芜湖人崔尘无、泾县人查雪林、江苏人郝喟候、怀宁人郝耕仁等。民国二年（1913年）1月16日和7月27日，芜湖社会党和国民党曾分别纠众冲毁皖江报馆，引起舆论大哗和商民不安。

1918年春，经郝耕仁介绍，聘请了潜山人张心远（即张恨水）任文艺副刊编辑。张在芜湖写的第一部长篇言情小说《紫玉成烟》就是在《皖江日报》副刊上连载发表的。不久后，他离开《皖江日报》去北京另就他职。

1919年，当时任《皖江日报》主笔的郝耕仁，受五四运动影响，将副刊改辟为"皖江新潮"，公开声明不登旧体诗、旧文章，专登新诗、新文章，批判旧礼教，主张婚姻自由。一时吸引了很多进步青年投稿。钱杏邨（阿英，当时在芜湖邮局任邮务生）与李克农即是经常投稿者。蒋光慈、李宗邺等人更是由于和郝耕仁的深厚关系而成为这一副刊的主要撰稿者。此外，经常撰稿者还有高语罕、吴葆萼、刘希平、胡澍、卢仲农、高宗浚、夏揆学、王肖山等。"皖江新潮"成了民主、科学启蒙运动的一支号角。社会各阶层人士及青年（以学生居多）争相订阅，对于当时的芜湖学生运动起了先导作用。报纸发行数量也随之有很大的发展。从民国二十三年（1934年）4月12日《皖江日报》（第8159号）第一张来看，该报已是对开10版，售大洋三分。报名为手书颜体字，竖排于头版右上端。除第一张第三版下半版为"本省新闻"外，其余一、二版全版；三、四版的半版均为广告、启事。

《皖江日报》出版到1930年间，曾因刊出"共产党万岁"的标语，被当时国民党政府封禁一年，并捕去排字工友一名及校队谭绪栋，解往安庆审讯。后谭被保释，排字工友下落不明。启封后继续出版。到1937年抗日战争爆发，12月，日本侵略军占领芜湖前夕，才告停刊。社长谭明卿流亡到湖南省沅陵县，1938年病故于该县九矶滩。1945年9月抗战胜利后，《工商日报》社长张九皋回芜邀请谭明卿的儿子谭邦杰，于1946年2月至1946年底，合作办了约一年时间的《皖江工商报联合版》，1947年《工商报》单独发行。《皖江日报》遂告最后终止。

（二）《皖江日报》旧址新貌

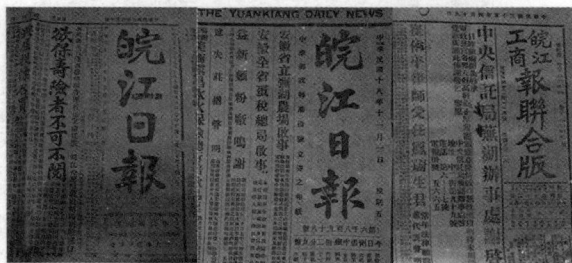

不同时期发行的芜湖《皖江日报》报头
（上图为清宣统三年四月二十日，下图左为民国7年7月10日、中为民国18年
11月1日、右为民国35年4月13日发行）

芜湖《皖江日报》旧址即今芜湖市中山路步行街中山路中段与华兴街交口东
边，大众影都与联华超市中间的儿童游乐场位置

（三）《皖江日报》对于张恨水的意义

《皖江日报》创刊于1910年，至1937年停刊，加上1946年一年时间的《皖江工商报联合版》，前后出版时间达27年之久，是芜湖近代史上连续发行时间最长的一份报纸。

《皖江日报》是张恨水正式投身新闻事业和文学创作事业的标志。1918年2月，经好友郝耕仁介绍，张恨水从家乡潜山赶到芜湖，到《皖江日报》当编辑，经过一段时间实践，报馆经理谭明卿见他工作很有成绩，就让张恨水担任总编辑，兼编副刊。他的首篇正式公开发表的处女作《紫玉成烟》于1918年3月开始在《皖江日报》上连载，因此，《皖江日报》是张恨水走上文学创作道路的"摇篮"。

至1919年9月为止，张恨水在《皖江日报》工作的近两年时间里，改革版面，坚持自己动手写稿，每天除写两个短评，还创作长篇白话小说《南国相思谱》，在副刊上连载。他还积极鼓励读者来稿，特别是对青年学生的来稿，只要有一点可取之处，都尽量修改，予以载登。当时，报社只有四人，24岁的张恨水担负着处理来稿、编写、审版样、发行等大量工作，他每天总是忙到深夜，在他的努力下，《皖江日报》越办越有特色。张恨水在《皖江日报》这个"摇篮"中，培养了报人素质，积累了新闻从业经验，并为今后的小说创作打下良好的基础。

与此同时，张恨水的爱国情怀在芜湖期间也得到充分体现。1919年，五四运动爆发后，张恨水在得到消息后，在5月5日的《皖江日报》上发表了北京学生遭镇压的消息，5月7日，张恨水又在该报显著位置刊登了"学联宣言"，表达对北京学生的声援。并带领报社职工上街参加抗日游行，极大地鼓舞了芜湖群众的抗日士气，是一种爱国义举。

张恨水后来离开芜湖到北京发展，仍然关注着芜湖，关心着《皖江日报》，1933年，他和郝耕仁合著的长篇小说《马祸》，仍交《皖江日报》连载，可以说，张恨水和《皖江日报》已经连成了一个整体。

由于种种原因，我们今天已经很难找到完整的《皖江日报》，当然也就无法看到张恨水早期在该报发表的作品，这对于研究早期张恨水新闻与文学创作来说，不能不说这是一个遗憾，无奈，我们只能从那些零散的《皖江日报》和张恨水本人与当事人的回忆录里寻找蛛丝马迹了。

四、芜湖弋矶山医院

医院坐落于安徽芜湖长江之滨的弋矶山下，是安徽省第一家西医医院。清光绪十三年（1887年），美国基督教会派赫怀仁来芜湖，在弋矶山下挂牌行医并传布教义。至1891年，创办了一所简易医院，1920年医院失火遭焚，基督教华东教区派美国传教士江德、包让等先后来芜湖重建。1936年全部建成。主建筑依山而建，前四层后六层，医院设备和医疗技术均居国内领先水平。医院还设立了高级护士学校，为芜湖西医教育之始。

民国时期在长江上远眺的弋矶山医院全景

新中国成立后，医院几经易名、办医不辍。1974年，医院更名为皖南医学院附属医院，1986年定名为皖南医学院弋矶山医院，2013年更名为皖南医学院第一附属医院。

在张恨水的《写作生涯回忆》里，有这样一段叙述："《南京人报》办了一年多，终于大难来临，中日战事起了。八月十五日，日本飞机空袭南京，立刻将南京带进了严重的圈子里去。……这时，全部家眷疏散到离城十几里的上新河去住。我在报社，由下午办理事务和照应版面，一直到次日红日东升，方才下乡。……而到了报社，立刻把脑子分作两下来运用，一方面是怎样处理今晚上的稿件，一方面是明天社中的开支，计划从哪里找钱去？……二十四小时，无时不在紧张恐慌中挣扎。这样的生活，是不容日久支撑维持的，不到一个月，我就病了，病得很重，主要的病症，是恶性疟疾，此外是胃病、关节炎。报社里的事，只好交给别人，我就在上新河卧病。虽然卧病，问题也不简单，自己的家眷和南下逃难的亲属，一家之中，集合到将近三十口人。……因之这一时期中，没有写作，也没有心去看书，几乎和三十年来的日常生活完全绝缘了。因为病，我是十一月初首先离开南京，到芜湖医院治病。……"由此介绍了张恨水1937年11月初到芜湖治病的原因。

而在《病壮士——两年前事之一》一文中，是这样具体描述的："前岁十月，疗病芜湖弋矶山医院，居东楼。推窗面临大江，长江碧静，三五白帆，如片羽翱翔天际。楼下山坡层叠，树木参差，俛俯足慰襟怀。时敌机正猛烈轰炸南京，京芜一衣带水之隔，警报一日数至。每汽笛长鸣，予辄支枕向窗外东望，念家无恙否，时予家犹居南京郊外，未忍离此首都也。"

笔者依据此段文字，于2008年5月专门来到芜湖弋矶山医院作了专门寻访，通过查找档案与相关人员，发现这里仍然保留了原住院大楼，让笔者能实地感受张恨水文中所描述的场景。于是拍摄了照片，现刊布如下：

位于芜湖赭山西路2号的弋矶山医院大门

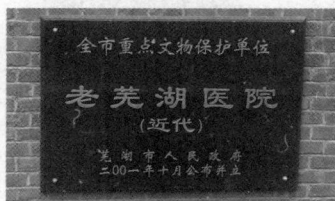

医院内保存完好的原大楼全景及文字介绍

张恨水曾住过的医院大楼东楼外景

走进东楼临江的病房，透过窗户，江上的景色一览无余

　　[感想]　我寻访弋矶山医院的时候，其时正是春夏之交，参加完"张恨水与中国传统文化"学术研讨会之后，看到保存得这么完好的近代建筑，内心不禁感到强烈的震撼。虽然难以找到当时张恨水住过的具体病房号，但透过临江的窗户，恨水先生文中所描述的"推窗面临大江，长江碧静，三五白帆，如片羽翔翔天际。楼下山坡层叠，树木参差，俛俯足慰襟怀"情景却使我瞬时产生了共鸣。遗憾的是，这里的人们尚不知道这里曾住过一位文人张恨水并留下了珍贵的文字记忆。

五、张恨水初赴芜湖的居住地罗家闸

　　现任职《芜湖日报》副刊部的记者郭青，长期从事收藏、研究芜湖文史史料工作，他告诉笔者："2008年，因采访需要，我到芜湖市房管局档案科查旧档，无意间在一份房档里发现了一与张恨水有关的租房的租批，因当时不允许拍照、抄录，只能凭印象强记，大致记得该租批是红纸质地，上面写有每半年租金是大洋七元，租批的右下方有张心远的签名。这个签名我印象很深，这也是我确定罗家闸46号（当时的门牌号）为张恨水曾经居住的旧宅的重要证据。此外，我之前在一篇文章中读到过张恨水写的回忆，他回忆在芜湖曾经居住在泾县小学附近，查文献可知，泾县小学光绪三十三年（1907年）设于薪市街，1927年搬入泾县会馆。这两处地址，前一个位于罗家闸张恨水旧居东面的正对面，后一个位于稍南一点，步行五分钟即可到达。这也从另一个侧面佐证了罗家闸46号即为当时张恨水在芜湖最早的一个落脚点。"

位于罗家闸46号的张恨水在芜湖最早居住地，右为屋基上的界碑，该住宅于2010年8月在古城改造中被整体拆除（郭青摄于2008年）

　　[附注]　张恨水于1918年春拿了郝耕仁的推荐信，从家乡潜山经安庆坐轮船前往芜湖《皖江日报》，在未正式被《皖江日报》录用之前，先找个落脚点是可信的。作为一名记者，因工作关系，郭青先生根据自己所见档案资料，结合阅读的张恨水自述，并进行了现场考查，推断出罗家闸46号为张恨水最初的居住地。当是张恨水正式在《皖江日报》工作后不久，才搬离此处住进报馆内。

六、张恨水家人在芜湖的几处居住地

　　第一，据郝耕仁女儿郝漾《回忆我父亲郝耕仁与名小说家张恨水的友谊》一文的叙述："……恨水先生到北京在《益世报》当记者，两三年后收入渐丰，一九二二年（注：实为1921年）他托他二弟把家属接到芜湖安家，由我父亲照料。我父亲也把母亲和我接到芜湖住家。父亲为了照顾方便，就把两家合为一家，在芜湖太平街（注：现为太平大路，米市街—九华中路，取意太平无事。民国时曾命名太平街、高埂头。建国后更名为现名）租了一所住宅（注：郝漾生前口述，当时所租住宅是太平大路15号的姓潘的人家房子），雇了一个女佣，在一锅吃饭。恨水先生一家六口（他母亲和两个弟弟、两个妹妹及一女眷。）我家三口（父母和我）是一个大家庭。那时我还年幼，和他们家也在安庆同住过，以为就是一家人。我管他母亲叫奶奶，他的三个弟弟依次叫二、三、四叔，两个妹妹叫大姑、小姑。我在这个大家庭中年龄最小，全家都宠爱我，把我当作小玩意儿。"从中可知，1921年，张恨水为了弟妹教育的需要，委托二弟张啸空（1924年与吴剑兰结婚）将母亲、仆野、牧野、其范、其伟和徐文淑一起接到芜湖住家，由郝耕仁安排，郝家与张家合租了芜湖太平街的一所住宅，直至1925年全家到北京。张家在芜湖的四年间，张恨水仅于1922年的农历春节从北京回到芜湖与全家团聚，时间约十天左右（参见前文《写作生涯回忆》及《伤心人语（一）》有关内容）。由于年代久远及芜湖城市改造等原因，张恨水家在太平街租住的住宅具体位置现已无法找到，只能留此存记，供读者参考。

第二，张恨水四弟张牧野1947年至1949年在芜湖工作，全家居住芜湖至1952年秋。

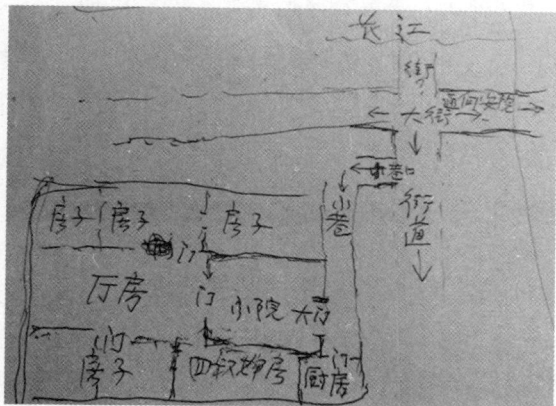

张羽军所绘张牧野芜湖住宅平面图（图中所标长江实为青弋江）

张羽军向笔者讲述，1948年秋至1949年5月在安徽学院读书，经常由位于赭山脚下的学校出门沿中山路步行约半小时左拐即到张牧野家，距离镜湖不远（步行几分钟路程），属于闹中取静。又张牧野女儿张一莉回忆，她5岁就读的长春小学离家不远，附近是很热闹的商业街。由此推断，张牧野住宅应处在靠近中山路、中二街与镜湖之间位置，而居住的具体地点待考。

此前，1946年6月，张牧野经爱国民主人士邓昊明举荐，担任安徽当涂县长，其夫人申圣羽担任采石中学校长。

在任期间，设法将被县参议长杜正勋蓄谋即将杀害的中共地下党员徐竟芳营救出狱。杜以"勘乱不力"的罪名上告到省府，将他撤职。后来，在芜湖加入孙文主义革命同盟会并负责安徽方面的组织工作，进行倒蒋活动，出面策动芜湖县长谢汝昌及专署保安部负责人维持社会秩序，迎接解放军。当百万雄师过江抵达芜湖之时，他策动地方武装投诚起义，使中国人民解放军顺利接管了芜湖市。芜湖市军管会肯定和嘉奖他作出的成绩，并申报到中共中央统战部给予褒奖。（《安庆人物传·统战群英》）

在芜湖期间，张牧野夫人申圣羽担任芜湖女中教务主任。

1949年12月，经农工民主党推荐、由中共中央统战部介绍，入华北革命大学政治研究院学习。1950年分配到农工民主党武汉市委会任宣传处处长。1952年秋，全家离开芜湖赴武汉。

七、张恨水与芜湖有关的两封书信

2012年10月，张九皋之孙张孝祥先生向我提供了他自己收藏的张恨水给其祖父的信。

张恨水复张九皋信及信封

此信内容如下：

九皋仁兄：

日前得接手谕，为之一快。去夏赴南，因东野兄在合肥，曾勾留十日。闻兄在文史馆，由东野电询，闻已去芜湖，而地址又不克详告，只好作罢。顷得专示，真是十年之交又在日前也。弟自前六年，曾得脑充血症，四年尾，方始写作。然而为人过旧，所作文体自知太不合时，思想上非彻底改造不可！弟现被邀政协列席，会期约须十日。春节以后，又须下乡，体验生活，是以亦无多少闲暇也。兄所嘱"河图洛书新说明"一稿，历史研究部方面探询。弟不作经理，已经十年，该部方面适无熟人，故无法打听。弟意兄何不直接修书该部，究经（竟）该书如何处置，或者该部有确实答复也。兄年已近古稀，弟亦年过六十，一念来日苦短之言，常通消息，亦人生故人略当常聚之乐乎？专颂健安。

> 弟张恨水奉复 一月二十九日。

[按语] 此信时间、地址、收信人均全。收信人张九皋是张恨水老友，安徽芜湖《皖江日报》总编辑、芜湖《工商日报》创办人。1918年春，23岁的张恨水由好友郝耕仁推荐，到《皖江日报》任编辑，其时，由张九皋领其会见了该报经理谭明卿，二人共事一年多。1919年秋，张恨水赴北京，张九皋聘张恨水为《工商日报》驻京记者，并为《工商日报》撰写稿件，二人友情直至晚年。

[小评] 信中"去夏赴南，因东野兄在合肥，曾勾留十日"，即指1955年夏张恨水只身南游合肥、安庆、南京、上海、济南之事，

因此此信是1956年1月29日给张九皋的复信。回信一方面告知了自己近况以及1955年南游曾欲邀约一见情况，另一方面就张九皋来信所托之事给予解释说明，表达了张恨水对"人生故人略当常聚之乐"的感慨。

而信中《河图洛书新说明》是张九皋在晚年研究中国古代先民哲学思想史的一篇论文。这篇文章是寄给中国社会科学院历史研究所杂志的，久无信息，故书信委托张恨水询问原由。

这封信所反映的内容是后人了解张恨水生平交往、思想动态的一扇窗口，不仅极具文学与史料价值，而且具有历史研究价值。

2017年8月，张孝祥先生向我推荐了其堂弟张孝杰先生，说张孝杰收藏有张恨水寄给其堂兄张孝纯的汇票和信。随之将原件拍成照片发给了笔者，现展示如下：

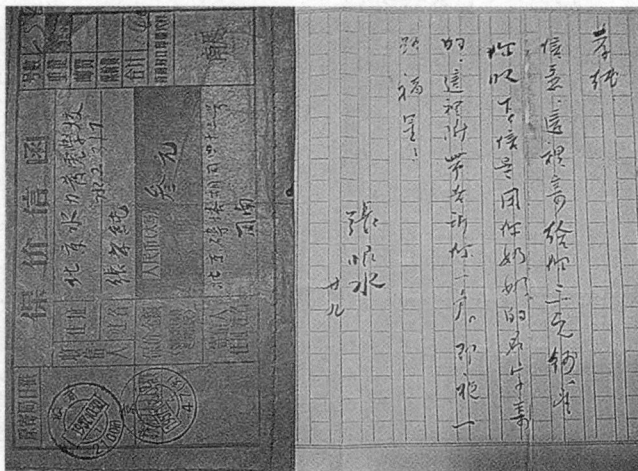

照片左为汇票正面，右为信

　　张孝纯是张九皋的堂侄孙，20世纪50年代在北京上学，因张九皋介绍，到张恨水家去代表张九皋拜望。之后，张孝纯常去张恨水家里玩。这封信是1957年10月29日张恨水写给张孝纯的，内容为："孝纯：信悉。这里寄给你三元钱，望你收下。信是用你奶奶的名字寄的，这里附带告诉你一声。即祝一路福星！张恨水廿九"此信和钱均夹在汇票之中，汇票是以保价信函寄的。收信人住址：北京水力发电学校（注：现为北京水利水电学校，校址在北京市朝阳区定福庄东里1号）水2317（注：即水电二年级317班），收信人姓名：张孝纯，保价金额：人民币三元。寄信人住址与姓名：北京砖塔胡同四十三号周南。邮戳时间是1957年10月30日。

　　为何保价信函里允许放现金呢？据《北京市志·市政卷·邮政志》记载："北平解放后，北京邮局于1949年12月1日起开办报值挂号函件业务，凡证书、契据、支票、股票、汇票、粮票、柴票、草票、料票以及其他一切有价证券和重要文件，均得作为报值挂号函件交寄，报值最高额以30万元（旧人民币，相当于平信邮资的1000倍）为限，报值费按所报金额的3%收取，起算数为600元（旧人民币）。当时，华北邮政总局规定报值挂号函件不得装寄钞票，对各解放区寄来的装钞报值挂号函件，北京邮局一面发验证通知对方，一面照常投递，不收汇费。后报值挂号函件合入保价函件。新中国成立初期农村地区局所稀少，群众汇款不便，1951年4月起，开办装钞保价信函业务，使用邮局特制的保价信封，每件装钞最多以16万元（旧人民币）为限，保价费仍按3%收取，起码费2000元（旧人民币）。对装钞保价信函以外的保价信函夹寄钞票的，按3%补收保价费。1959年12月1日以后，改按1%补收汇费。1961年8月15日正式停办。"据此可知，汇票的保价信函里放现金与信是政策许可的。

[小评] 这封张恨水亲笔书写的保价信函，既见证了张恨水和张九臯之间的友情，更体现了张恨水对一名青年学生的关爱之心。

第三章 安庆：宜城放眼细思量

[导语] 安庆市位于长江中下游北岸，皖鄂赣三省交界处，东与安徽省池州市、铜陵市隔江相望，南以长江与江西省九江市相连，西界湖北省黄梅、蕲春、英山三县，北接安徽省六安市、巢湖市。安庆地处皖西南，是长江北岸重要的港口城市。安庆历史悠久，人文荟萃，文化昌明。春秋时封皖国，安徽简称即源于此。东晋诗人郭璞赞："此地宜城"，故亦称宜城。南宋绍兴年间置安庆军，始得名"安庆"，南宋嘉定（1217年）始筑城。清乾隆二十五年（1760年）至民国二十六年（1937年），为安徽省省会所在地和安徽省政治、经济、文化中心。安徽就是"安庆"和"徽州"首字的合称。因安庆境内有座皖山，又有皖河绕流其间，春秋时期这里曾有过一个皖国，安徽简称"皖"即出于此，因此，人们常说安庆为安徽之源。

这里，曾诞生中国历史上第一台蒸汽机，第一艘机动船和第一部电话机；这里，孕育了陈独秀、姚鼐、程长庚、邓石如、张恨

水、赵朴初、朱光潜、邓稼先、严凤英等一大批伟士贤才；这里是
"桐城派"的故里、京剧的鼻祖、黄梅戏的发祥地，享有"戏剧之
乡""黄梅戏之乡"和"文化之邦"的美誉。

1930年代，安庆城东迎江寺振风塔下的江岸风光
（照片选自安庆建城800年图片展）

安庆，钟灵毓秀，风光旖旎。境内雄奇灵秀的"古南岳"天柱
山、江上蓬莱小孤山、桑拿十六洞天之一的浮山、佛教禅宗圣地的
司空山、千年迎江寺、万里长江第一塔振风塔等名胜古迹，星罗棋
布，名播遐迩。

第一节　张恨水书写安庆诗文撷英

篇一　返乡小品：安庆码头工人

予将入鄂境，即屡戒旅伴，至武汉勿与商贾口角，尤其劳动工

人，宜持以容忍。即抵武昌站，雇独轮车运行李赴江干，一车乃索三千元，旅伴向予不期作会心之微笑。既至江干，将运行李登渡轮，计大小十四件，为路不过百步，运夫索四千元，视车夫所索，乃变本加厉矣。顾遇此等人，不应出以恶声，亦不可乞怜，不卑不亢，动之以理。不成，则谓将自觅良策，亦未有不能拍合者。在汉十日，旅伴均以此态应事接物，无不迎刃而解。后离汉，均笑曰：君真老出门人也。

　　此次返安庆，轮泊趸船不得，另隔一下水轮。凭栏远眺，见力夫百十成群，跨彼轮船舷，虎视眈眈，欲隔三尺水一跃而过。予知不妙，即开舱门，故作镇静。两船相依，力夫蜂拥而上，问登陆否？答以此赴汉口者，遂一一去。十五分钟后，欲下之旅客均下，余乃告同行侄辈，悄悄引三五力夫来，并约定力价。侄曰：既至故乡，尚患竹杠耶？微笑去。俄，彼回，后随力夫一群，夺箱争筐，以能服务为幸。既登岸，聚行李八件于一处。其中有一人，似为首领者，问有所缺否？答以不缺。余反问力价，则言"家门口人"，随便。固问之，索价六千元。侄乃大怒，跃而狂呼："此行将万里，既抵家门，犹受汝等讹乎？"予则能忍，亦觉大悖人情，力斥之。幸予弟迎于江干，能知其故，予二千四百元而了事。并为之解曰：码头力夫多，下水无船，上水亦仅一二小轮耳。米又绝贵，且改业不得。纵羊为驯物，久饥亦当变为饿狼，有肥焉得不噬？幸吾同乡人，否则非六千元，即僵持江岸也。予聆其言，昂首见江岸鳞次栉比之民居，荡然无存。乃为之点首者再。侄曰：不图安庆力夫强于武汉。予笑曰：入境问俗，八年一别，即此一端，知故乡之政治为何物矣。

（原载1946年1月27日南京《新民报》晚刊《夜航船》）

[附注]　篇一、篇二、篇三均为张恨水带领一行7人，1945年12月4日自重庆经贵州、湖南、湖北武汉汉口，乘"江亚轮"抵南京，再坐轮船回安庆时所撰写的《还乡小品》。关于此文的有关细节，张羽军回忆道：此文中所叙侄是张文大哥，家中去接者为耘野小姑爷老部下事务长胡奎叔，当时家中老幼无去江边码头者。1946年2月，他从安庆乘船去南京，安庆报界文界有人在码头相送，上船行李是我与同学刘承楠送上船，当时码头很挤乱。

篇二　还乡小品：街头画像

北京有俗谚："在京的和尚出京的官。"盖官为京城产品，简任以下，车载斗量，乃无足贵。既出京，一荐任职，则与一邑之首脑并级。愈行至穷乡僻野，愈于当地之首脑。间或与此首脑有职务聊琐，则彼方酒食货帛，迎送备恭，因恐万一怠慢，一函之控，足害前程也，此其一。又官居在外，离京愈远亦无顾忌。边疆上司，位等于委任，低于县长者多。然生杀予夺，人民对之不敢仰视。使其入京，引车卖浆者流得而侮之矣。予发此感慨，由于安庆街头之画像。

安庆遭敌八年创伤，劫后人民，了无生气。今又因执皖政柄者之便，省治移于合肥，故安庆若甲虫之僵壳，灶烟不与，陋巷中日午难觅人影。虽雏型之马路，昔一度为新市场者，亦行人寥落可数。而于此仅有一鲜明之刺激，乃街头四处张立画像。像凡三种，一为领袖，一为安徽最高当局，一为皖中防区司令。像板尺寸之大小，若有区别，地方当局最大、司令次之，而领袖之像，及居其又次。像上有拥护字样之标语。未知何人恭制，有皖言皖，此君殆不明天地之高厚、古今之久暂也。

予此番东下，除苏皖外，尚经六个省区，四川之张，贵州之杨，湖南之吴，湖北之王，江西之曹，均无人民如此恭维。昔马福庠长皖，秘书长为水梓。水与不才，有一日之雅，彼当笑曰："皖省，夙称难治。"岂信然欤？

（原载1946年2月7日南京《新民报》晚刊《夜航船》）

[附注]　水梓（1884—1973）甘肃兰州人，原籍浙江，字楚琴，清末贡生，甘肃文科高等学堂、北京法政学堂毕业。甘肃著名教育家，桃李满天下，擅书法、精诗文。为政治、法律、佛学、诗文、书法为一体的奇才，在兰州有"陇上第一名流"之誉。1934年，张恨水西北之行时，在甘肃兰州曾受到时任甘肃省教育厅长水梓的热情接待，从此两人有了交往。此前，水梓曾任安徽省政府秘书长。故此次回安庆途中所见情形，自然想起了水梓。

1934年6月28日南京《民生报》刊发张恨水《西北旅行通信》。其中《值得注意的甘肃两领袖言论》一文，记载了当时张恨水与水梓交谈的细节，现全文摘录如下：

邓宝珊曰：要用头等人才放在边疆。水梓曰：要开发西北必先救济西北。记者至兰州时，甘肃主席朱绍良业已赴京，常与周旋者为新编第一军长邓宝珊，教育厅长水梓。邓为甘肃天水人。水为甘肃榆中人。邓在国民二军中，著有声誉，曾二度代理甘肃绥靖主任。水曾遍游国内外，在甘服务多年，马福祥为安徽省主席时，水任秘书长（笔者注：1930年春赴任，时任半年左右）。在甘人中，二氏自为一文一武之领袖。（此外尚有省委张维已赴京。又民权县长牛厚齐已被人暗杀。皆系人才，惜未一谈也）推其言论，当可代表甘人。记者与二君爽谈数次，获益良多。唯当时先后随便谈话，无系统可言。今除一部分谈话，须为保留外，将二氏所言，概括述之如下，务求不失原意也。

邓氏之意，甘省第一问题，即为财政无办法。仅在纸面上言之，收入不敷支出，约达三分之一。昔日，甘肃为协济省分，他省解款到甘肃来。于今则甘肃一省，须养四省之兵。即除本省军饷外，须担任宁夏青海两方军费，而陕西亦尚有一部分军队在陇东也。（按此当系指平凉，杨渠之十四师。杨师现有所编消息，并一面从事兵工筑路）由兰州西去，以至玉门，路尚有千余里，交通不便，政治设施，极感困难。而此处适为内地至新疆必经之道，在国防上，意义甚为重大，可以说是中国生命线。若不赶修铁路，全恃飞机与汽车，其效甚微。在邵先生（力子）未到甘肃以前，土匪遍地，群雄割据，已不成为世界。而种此恶因者，则为冯焕章先生。（言至此处，邓甚为慨然，不愿多说盖顾全友谊也）及邵先生前来，甘人才知道中央注重西北。邵先生虽为一老书生，但作事肯负责任，对于统一军事政治，及禁烟各问题，焦头烂额，无日不在设法中。后予（邓自谓）与邵先生商量必须向中央报告，速设办法，因之邵先生虽自甘东去，而朱先生来。朱先生与邵先生，同为中央大员，朱先生又为蒋先生参谋长。故其来时，吾甘人甚为庆幸。今经一年之努力，政治总算走上轨道，在邵先生手中，组统一之省府，中央第一师入甘，可谓两件大事，朱先生根据此点迈进，故今日有此小康之局也。然予之主张，人才不应完全集中中央，二三等人才治边疆，今则当矫此弊，非仅指甘肃省一处而言也。（邓氏其余所言，皆未便发表。然吾人可断其为有心之人。将来当可随时择一二点言之。）

晚年水梓小影

　　水氏之言，其出发点，与邓氏相同，即甘肃财政，不胜负担之重。在财政问题，未有办法以前，一切建设，皆谈不到。衣食足而后知荣辱，人民衣食无有，求活之不遑，更知何物为政治？在数年以前，甘肃之贫，原不如此之甚。第一则为冯玉祥驾临西北，对陕甘两省，竭泽而渔。第二则为十八年来之大旱。冯在五原誓师，不过数千人，及入甘肃，则有数万人，后更扩充至二三十万人，试问此种力量，出于何处？敢断言之，出于甘肃者十七八。冯初恐一省养兵十余万，为中央指斥，乃强割青海、宁夏为二省，以便军队之分配。其实军饷也，马匹也，粮秣也，壮丁也，几乎完全出之于甘肃。冯目的在中原率十余万壮丁东去，至今不回。而民间因军费破产者，亦至今不能稍复元气。冯先生以救民而来，其结果毋乃大相谬悖。（记者按：在河南方面，人民对冯感想，尚毁誉参半，一入潼关，则记者亦唯有对冯惋惜而已。下野之人，记者不欲深论之矣。）十八年大旱，甘肃数处，几至率人相食。然而军队前来，则仍须老百姓出钱出粮。其后，冯军又结怨于陇南一部分人民，事变既起，冯军已走置而不问。于是陇南数县，大遭兵劫，有全县杀绝，只剩老妇三人者。痛定思痛，不堪回首。故今日甘政，不必谈建设，当先谈休养生息。邵主席在此，谓开发西北，当先救济西北，此便是甘人所最心服之言。甘肃人现在所切盼者免于冻饿，尚不敢望一切文明社会之享受。忆河南某军人，对予（水自谓）言欲来甘开垦。予曰：若君一人前来，吾甚欢迎。君若多带一人前来，吾甘人即当反对。冯先生带来之土匪，昔日应有尽有，今不敢再加也。甘省并不少人，所少者衣食。现住之人，欲走不能，容能让放下枪杆者来乎。罗部长西来，对予言，当移囚实边，此为书生之谈。中央养不起囚犯，甘肃人已经是囚犯，能代中央再养大批囚犯乎？有罪之人，放之有庳，有庳之人奚罪焉？

记者按：邓水二氏之言，归纳言之，约分为以下若干点。（一）军事尚未统一，（二）财政出入悬殊太甚，（三）中央对甘肃尚未认识清楚，（四）甘宁青无分省之必要，（五）大旱与冯军之役并重，（六）甘人尚有难言之隐，（七）甘肃问题就是国防问题，（八）速造铁路，（九）人民依然未复元气，（十）甘人并无奢望，先求不死。

篇三　返乡小品：芦柴产米

安庆附近无森林，亦无煤，平常燃料，仰给于芦苇。盖沿江两岸滩池，居堤外，无可耕种，胥产芦。芦之高者，达两丈余，杆粗如儿臂。冬日江涸，芦枯黄风吹冬晴下，焦脆易燃。渔村人平其根而截之，百枝成束，捆载登舟，货运于市，沿江城镇，赖以举火，近水之民，亦属一种收入。因此，江心芦洲，江岸芦滩，各各有主。地既有主，税即随之。其实芦洲主人，因各能咏唐人诗："无多事业供王税，大半生涯在钓船"也。

皖省去冬购官米，指沿江二十二县供给，凡有地，即须以米供购。米之市价近万，而购价则三千七百元。且米站相距四五百华里，人力川资之浪费，每石虽尽以购价偿之，独不足远甚。于是皖人虽购米如避疫，而疫神如暴风疾雨，迫之亦愈遍。上远山林，下及水渠，弥有遭也。有友人任中学教员，老且贫，家无恒产，有之，则江心芦洲一片耳。保甲长按亩税指人民供米，指此老教员供六七石，教员语之曰：吾诚有产，在江心，唯无寸地种稻麦，初不耕耘，年收天然之芦而已，君等责吾供米，米产于芦上耶？保甲长驳其说，谓芦洲产米与否，非所论，发者既能纳税，则今日即当供米，否则官裹去。老教员家无担米储，则应曰：诺，静卧家中以待缧绁耳。其家人惧甚，愿当买购米以应。其后如何，予乃未闻，想不能交白卷也。

往年秋季回乡，除乘帆船。每于日白风清，沿江岸徐行。万芦接天，絮飞如雪，其间偶有丹枫黄柳两三株，云水缥缈间，觉意境而疏之极。及亲省垣人燃芦作炊，又觉芦非发物，不仅应供诗情书画意而已。今闻老教员事，芦竟为祸水，实不怪乎？盖拥有芦洲芦岸者非仅一老教员而已也。

（原载1946年2月14日南京《新民报》晚刊《夜航船》）

篇四 京沪旅行杂志：安庆新貌

在合肥住了几天，我就往安庆。安庆是安徽省旧日的省会。现在合肥到安庆汽车，一天共有三班。我是第一批车子走的。车五时

十分开，天已大亮了。六时，行抵舒城县。所谓青山绿水，这里真
是这种境界。凭窗远望，不觉神驰，舒城以北，似乎港汊很多，我
们经过了好几处长桥。车子依旧南行，行抵桐城境内小关。这里所
谓小关大关，都是桐城的边境。也属大别山支脉。不过，我看大观
小关，依然以小关为最雄险。山自西来，虽不甚高，然两个山头夹
一小口，回头看高山上有一庙，约五百尺。回想旧时，这里有军
事，一定是险要的呢。大关虽亦险要，然不及小关。车行到此，完
全在山底行走。遥望西方大别山支峰，慢慢云雾迷离，十时行抵桐
城县。本来坐车直放，十二时可以抵安庆。但车子定规，行夏季时
间，要到下午三时方才开车，在桐城要歇五小时。桐城是家乡一个
有名的邻县，看看也好。午饭毕，冒雨入市。一直向前，就叫做长
街，当然也拆除了城墙。我观后，觉得尚不如六安。时值降雨，无
甚可记。午后三时，汽车始开。这时漫漫大雨，车行抵高河埠、集
贤关，雨更大。从窗外视，雨雾沉迷，有时，路为水所淹，汽车须
为抢路，在大雨淋漓之中，车子行抵安庆。

　　安庆是旧时安徽省会，把今日景象一比，当然有一种启发。第
一，这安庆城里，在从前就只有四牌楼，算是繁华的地方，现在看
看这地方，就只一丈多宽的一条街，窄狭得真可以，把新修马路一
比，那就不用提了。第二，从前老百姓喝井水，好一点人家，喝江
水，现在都喝自来水。第三，从前的电灯，混混暗暗，而且过了深
夜十二点钟，就没有火。现在与别地方电灯一样明亮了。第四，从
前没有新式的电影院，没有新式戏院，如今都有。第五，从前可以
说没有公路，就是有一两条，也是不通车，如今到哪里去都通了，
还有小火轮，而且打票格外便宜。这都是就眼前的事，随便这样比
一下。再要论到学校卫生等等，那就用不得比，比解放前，真不知

要高明多少倍。所以安庆虽然不是省会，比从前省会实在好得多。

（原载1955年9月10日香港《大公报》副刊《新野》）

篇五　京沪旅行杂志：迎江寺塔

我到了安庆，第一件事，就是看迎江寺大塔。看看坏的地方修好了没有？自然，完全修好了。迎江寺在东门外，现在没有了城墙，还是这样叫着。门口河街涨大水时，长江要涨到门里的。从这里算起共是四进，第一进是四大天王韦陀，第二进是正殿，第三进、第四进是偏殿。塔树立正殿、偏殿、第二进院子中间，这个塔名为振风塔。说到塔，共有二十四丈高，合一千八百六十八级。主持此寺此塔建筑的，是明朝王鹭洲，到现在已经四百年了。进塔，塔内是盘形梯，第一级有佛龛供佛一尊，第二层，为实心，四周有门，大风呼呼作响。我在病后，就不敢登塔了。下塔，通过三殿，此殿供有佛像，比人还大。第四进供有小佛，迎江寺的方丈，就住在此处。

此塔，在解放前曾受过破坏，但是塔身依然不动。前两年，经地方当局着手修理。先经过公司估计一下，单是搭架子，就得一万多元，修理还不谈。后经那修理过塔的工人说（修理过塔的人，现在就剩一两个人了），据我们经验，可以不必搭架子，坏的地方就修。后当局真依了他的话，居然修起。据闻，那修理塔顶上的这一坐，最为危险。工人用铁索攀在顶上，下面悬空，工人就借这根铁索，攀住身子，就这样动起手来修理，看得人都为之捏一把汗。如今，振风塔盖起来了，不能不佩服这工人细心而胆大。可惜，我没有打听这工人叫什么名字。

方丈月海，说起来我们也是熟人。在抗战的时候，我曾一度到潜山，月海那时是野人寨三祖寺的方丈（野人寨，是一座大山口。南宋，邑人刘源，号野人，借此寨屯马养兵以抗金，所以叫野人寨）。我去过三祖寺，所以认得他。他今年六十五岁，须眉都是黑的。据云，此寺共有三十几个和尚，尚有杂工十余人，共有五十多人吃喝，完全靠着政府维持。寺中虽有点房屋，多是给平民住的，房钱收入有限，所以现在和尚另谋生产。和尚生产倒是件好事情，这样也可减轻一下政府的负担。当然他们生产经验少，技术低，收入也就有限，这要不是人民政府，迎江寺的和尚也就很难维持生计了。

老和尚谈到此，我们告辞去了大佛殿靠江的茶社喝茶。此处是大佛殿对过，另辟一楼。里面桌椅宽大。坐而手把一盏，长江数十里沧波，流入眼底。隔江芦苇一片，远接青山，令人见了，也感觉雄阔得很。茶社尚有素点，远路茶客，当可对此长江，尽兴一饱。

（原载1955年9月12日香港《大公报》副刊《新野》）

篇六 京沪旅行杂志：黄梅戏

黄梅戏，还是我们的家乡戏。何以叫"黄梅戏"？据父老相传，这戏是由湖北黄梅县传来，所以就叫黄梅戏。当然，与现在的黄梅县一点关系没有。这个戏，以前只有绷鼓小钹，别的乐器没有。至于戏，小戏而外，也有正本的戏，如梁山伯之类。至于戏台上的打扮，去生角的大概是简陋的古装，去旦角的那就完全是时装，而且这时装，也是很不合时的。可是，近来演时装戏，那时装也非常之漂亮了。同时，这黄梅不止在乡村演唱，也流入城市了。当然，起初只有我们几县的人听，还未能争舞台上的一角。自从解放以后，政府尽力提倡，不但在安徽是无人不知，就是全国，凡是谈戏的，也没有人不知道"打猪草""夫妻观灯"了吧？所以我在安庆的次天，就观看了一番黄梅戏。

我去看的，是新编的"宝玉和黛玉"。戏一开台，是分幕的，这很合我的口味。戏分十余幕，幕幕布景，都很堂皇。戏中人的装扮，都扮得像京戏一样，个个都穿起了古装（戏台上的）。黄梅戏，也和上次说"倒七戏"一样，原来侧重色情的，现在将色情部分一律删掉。从前的唱腔，那是很单纯的，而且不用乐器来配。现在改了，乐器也配得非常复杂。我们走进戏院里，在那音乐室一看（照例在台口），可以说应有尽有。我回忆初看黄梅戏的时候，四根柱子，搭上一个"草头班"戏台，那音乐的场面，就只有三尺长的绷鼓，另外一小面小钹，奏乐的三个手指，打着绷鼓，同时，拿一筷子，打一下子小钹。此外，什么都没有了。黄梅戏变到现在，可以说大众爱好的戏剧，戏剧跟着大众走，越发有进步了。台词方面，大概都采用怀宁、桐城、潜山的土音，但是古装方面，生旦略微用了一点京白词句，时装，才全用土白。但土白离江南官话，不怎么远，可以说扬子江一带住民，可以完全懂吧。舞蹈方面，黄梅戏大有进步。从前虽也有，没有怎样注意。现在就像"打猪草""刘海戏蟾""三姐下凡""夫妻观灯"，都是边舞边唱，非常的好。就以"打猪草"而论，台上就只两个人，而且都是小孩子。以小孩子怕践踏草里竹笋，男小孩和女小孩吵起来，戏情可以说极为简单。但是这两个人靠他舞蹈的功夫，弄的台底下目不暇给。

（原载1955年9月13日香港《大公报》副刊《新野》）

篇七　京沪旅行杂志：菱湖公园

在安庆有一最能表现乡土观念的地方，提起来说是菱湖公园。原是很大一块池塘，叫做菱湖。在清末民初，就改作菱湖公园了。

虽然没什么名胜，倒是树木很多，在夜晚上，两三朋友在树林之下，徘徊两周，却也清气勃然。不幸抗战时日军怕这里会藏游击队，一齐砍了。现在从新来看，地方也改大了许多，还挖了很多池塘。不过，要树木成林，总还要三四年，才有当年之盛吧？所以我到菱湖去的时候，在芦席新竹编的茶社里，对朋友说，绿树荫浓，还在三年以后，我们大家应当帮助政府，协助成立大花园，我们赶上来乘凉呵！朋友为之一乐。

（原载1955年9月14日香港《大公报》副刊《新野》）

[附考] 关于张恨水京沪旅行的时间

在1981年四川人民出版社出版的《我的写作生涯》一书第130页中，将张恨水南下的时间作了如下表述："一九五四年父亲病情刚好，就只身南下，到了上海、南京和阔别多年的故乡安徽，并写了中篇游记《南游杂志》。"对具体时间到底是1954年还是1955年，存在疑义。笔者查阅相关资料并走访张恨水亲属后，认为应是1955年。理由如下：

此次京沪旅行之后，张恨水在1955年9月1日至22日的香港《大公报》副刊《新野》上发表了19篇散文。从有关文章内容可以理清以下几点：

起因。《车中所见》（载1955年9月1日香港《大公报》）一文作了交代："我有十年没作长途旅行，这一次作京皖、皖沪，回头再作沪济旅行，还是病后第一遭。"这里所说"十年"，正好是抗战胜利后的1945年底自重庆经贵州、湖南、湖北、江苏等省回安徽安庆过农历春节之事。

时间。《到了合肥》（载1955年9月2日香港《大公报》）一文叙述：

（早班车离开北京）车离开天津……晚上四点多即起，车上服务员告离蚌埠不远……（第二日）八点二十分离开（蚌埠）……（所见）池塘之下，水田不断，庄稼均已插秧（时阳历六月十二日）……车行十二点二十分，已抵合肥。……我顺了马路一直找，找到我二伯父生下来的大哥张东野家，就住在他家。

查1955年"阳历六月十二日"，是农历乙未四月廿二，距离张恨水生日四月廿四仅两天。而在《南下杂感》（三首）一诗序"乙未六十只身南下，路过合肥，在东野兄处过旧历四月廿四，予生日也。回来，六月初一（阳历七月十九日）因补记之。"由此推断，张恨水是1955年6月14日（农历四月廿四）在合肥张东野家过六十岁生日。

张恨水外甥女桂力敏曾告诉笔者：1954年从北京师范大学大学毕业后分配在上海华东师范大学工作，1955年，大舅到了上海后，住在国际饭店，写信给我，说如果你有时间，我来看你，我说那不可以，后来我用公用电话找到他，我说到国际饭店去看他。他住在八楼，他喜欢喝茶，就买了无锡产的水蜜桃和杭州西湖龙井前去看望。

由此可知，张恨水此次京沪旅行时间当为1955年。

篇八　马当与安庆

满清末季，因新军编练渐多，已注意江防。长江要塞，同时兴筑炮台。时先君服务江西督练公所，于辛亥正月，奉命调查马当地形，余随侍以便回皖省墓。至浔，先君嘱老仆先送愚乘轮舟赴安庆，勿欲愚童稚误公事。半月后，聚于故里，因请问马当形势何若。先君曰：马当固险。然以言长江中部形势，实在安庆，曾文正公不我欺也。由上而下，在安庆可以控制南京。由下而上，守安庆则可以屏障鄂东与赣北。马当之险，在水而不在陆，非与安庆取犄角之势不可。尔时，域少年盛气，崇尚狭窄之民族主义，一味排满，亦不喜助清中兴之曾国藩。因先君所取为曾氏主张，殊不谓然。若以今日情形言之，曾氏当年力功安庆以压南京，实有见地也。

又报载马当辛亥炮台，今宛然尚在，与余所闻，似有出入。先君于辛亥正月，即往调查马当情形，则炮台已成辛亥以前可知。至清廷筑此炮台，用意尚不在对外，因革命风声，盛播于扬子江流域，鉴于太平天国之役，江防过疏，遂失宁汉，乃节节设炮台以防不测云。

（原载1938年7月1日重庆《新民报》）

篇九 张恨水小说《现代青年》有关安庆风情的描写

（一）关于周氏江水豆腐的描述

第一回 此日难忘教儿半夜起 良辰不再展画少年看

一个很值得纪念的晚上，三四点钟的时候，我们书中主要人物的一个，正在磨豆腐。那时天上的星斗，现着疏落零乱的样子，风在半空里经过，便有一些清凉的意味。街上是一点声音没有，隐隐惨白的路灯，在电灯柱上立着，映出这人家的屋檐，黑沉沉的，格外是不齐整。因为街上的情形是这样，所以屋子里头的磨豆腐声：兀突，兀突，……一声声响到街上来。屋子里是个豆腐作坊，佝偻的屋子，露出几根横梁。檐席下垂着一个圆的篾架子，上面晾着百叶；柱子上挑出许多小竹棍子，棍子上挂着半圆形的豆腐旗子，好像给这屋子装点出豆腐特色来。四周除悬着豆腐旗外，其余是豆浆缸，豆干架子，磨子，烧豆浆的矮灶，大缸，小桶，以至于烧灶的茅草，把这个很小的屋子，塞得一点空隙地位都没有。屋子柱上挂了一盏煤油灯，灯头上冒出一枝黑焰，在空中摇摆不定。满屋子里，只有一种昏黄的光，照见人影子模糊不清。这磨子边有个五十上下的老人，将磨子下盛着的一木盆豆渣，倒在矮灶上一个滤浆的布袋里，要开始作那筛浆的工作了。……这个老儿，站在一条踏脚上，两手扶了滤布，向左右周折的筛着，将豆浆筛到那水锅里去。他听到豆浆轰轰隆隆落到水锅里去的声音，好像都很有力量，像在那里庆祝着他事业的成功。那滤布袋的十字木架子上，墨笔写着"周世良记"。他望了那字，一个人自言自语的道："我周世良倾家荡产，抚养儿子，儿子居然考了第一，得有今日，也不枉费这番苦心了。"他如此想着，精神大为振奋，两手摇着滤布，更是得劲。……世良回头一看，锅里的豆浆已经沸了，拖过木桶来靠住了矮灶，将大木勺舀了豆浆，向木桶里倾下去。那豆浆的热气，哄哄的向上蒸着。世良卷了蓝布褂子的大袖，两手臂上的肉筋，条条的向上鼓了起来。口里嘘着风吹那豆浆的热气。……

第七回　频唤哥哥相亲如手足　辛劳夜夜发奋愧须眉

计春上了学，世良首先得了一种安慰。他又是乡下人，吃苦耐劳是他的本色，所以豆腐店的生意，他也经营得很有起色。他照例是半夜四点钟起来，开始磨豆腐，五点钟筛浆，六点钟包着豆干，带做买卖，一直到九十点钟，都是这样忙着。十一二点钟，吃过了午饭，就开始挑水浸豆子；两三点钟，又要包第二批豆干；直要到晚上七八点钟，方才和儿子共了一盏煤油灯，算这一天的总账。……

　　……不过他睡得早，起来得更早；起来得早的原故，就是原来每天做一斗豆子的货，现在却每日做两斗豆子的货，除了包豆干之外，于今又煎油豆腐，煮起五香豆干来。他的用意，无非也就是要多挣两个钱，好替儿子找出学费来。光阴也像他磨豆腐的石磨一般，一转一转的向前推换过去，匆匆的过了五个月，已经到了冬天。这里满街的人，都知道开豆腐店的周世良，是个望上的好人，他挑着水由街上经过，人家都叫他一声周老板。原来井水里面碱重，豆浆里面多了碱，不容易成膏，因之城里许多豆腐店，都是挑塘水作豆腐。世良觉得塘水太脏，于是不辞劳苦，每日都到城外江边下挑两担水进城来。所以许多人家，心理作用，说周家是江水做的豆干，格外干净好吃。这鼓励着世良的勇气不少，更是每日去挑着江水，风雨无阻。

　　[附注]　小说里这些有关"周氏江水豆腐"的制作过程与人物心理的描写，我们何尝不可以将此看成民国时期安庆的一种豆腐制作手工作坊的一种形象地展示呢？"周氏江水豆腐"的制作过程既是当时安庆市民心目中一种品牌，更是小说塑造人物形象、推动故事情节发展的需要。

（二）关于安庆民间婚俗的叙写

第八回　含笑订良缘衣裳定礼　怀忧沾恶疾汤药劳心

　　（倪洪氏）把话撇开来道："话就说到这里为止，我们都是老古套，全是谈文明派，那也办不到。你翻翻皇历，挑个好日子，就在那一天，你开一个八字帖来，我开一个八字帖去。实不相瞒，这两个孩子的命，我已经叫算命的合了好几次，两张命合得很。有道是天上无云不下雨，地下无媒不成婚。我说是还要找两个媒人，请人家吃一餐饭，把这事就算定了。你看好不好？"周世良究竟是和倪洪氏同时代的人，她说的话，还有什么不同意？——的都答应了。当日周世良查了一查历书，就是阴历本月十五日的日期好，挽请了左隔壁开油盐店的刘士奎老板，右隔壁开竹器店的阮有道老板做媒。因为菊芬受了计春的鼓励，也已经在平民学校读书了，所以给她作了一件花布长衫之外，又给她作了一件白绸褂子，黑纱裙子，另外又买了两双长统线袜，意思是同偕到老。忙了半天，各事都已齐备，便是十五了。世良只作了半天的买卖，到了这日下午，就上了铺板，不应主顾了。刘阮二位老板，虽然是生意人，遇到了人家的喜事，作起红媒来，却也未可怠慢，各穿了长衫，戴了小帽，到周家来赴席，然后捧了周家的礼物，再到倪家去。这两家的家主，当然有一番忙碌，少不得还请了几位邻居来陪客。可是小新郎小新妇，怕人家臊他们，事先都说了，要到同学家里去，还不曾吃午饭，各人走各人的大门口走了。

[附注]　这里的文字虽然不多，但却展现了当时普通家庭婚俗特点，让我们从一个侧面了解了民间风俗状况。

（三）关于安庆大观亭及其附近风物的描述
第八回　含笑订良缘衣裳定礼　怀忧沾恶疾汤药劳心

曾经的安庆西门大观亭（张健初提供）

西门外的大观亭，那是全城看江景的第一个好地方，只是地方太偏僻一点。计春到了省城三年，那地方还只去过两回，趁着今天有大半天在外面跑，可以去看看了。所以计春出了大门之后，一点也不考量，径直地就向西门外走来。走了大半条街，刚一转弯，却听到呼的一声，有人笑了。……

走过了一条西门外大街，菊芬只管是向前走，始终是没有作声。……于是二人并排走着，走完了这条街，到大观亭来。这里原没有什么花木园林之胜，只是土台上，一座四面轩敞的高阁。不过在这里凭着栏杆远望扬子江波浪滚滚，恰在面前一曲；向东西两头看去，白色的长江，和圆罩似的天空，上下相接；水的头，就是天的脚；远远的飘着两三风帆，和一缕缕轮船上冒出来的黑烟，却都看不见船在哪里；只是风吹着浪头，翻了雪白的花，一个一个，由近推远，以至于不见。再看对面，黑影一线，便是荒洲；那荒洲上，在天脚下，冒起几枝树，若隐若现。计春究竟念过几年线装书，肚子里不免有些中国墨水，他靠了栏杆，赞叹着一声道："真是洋洋大观。大观亭这个名字，取得不错。"菊芬也是靠了栏杆站着，她倒没有注意着计春看的那些，只是江面风浪里，一群白色的长翅膀鸟，三个一群，五个一群，有时飞起来，让风倒吹着；有时落在水上，在浪上飘着，随上随下，看得正是有趣。……

　　这亭子里面有个卖零食水果的摊子，正吸引着游人，将摊子围绕住了。菊芬掉转身来，也就向那摊子上一托盆半黄半红的李子去注意着。计春笑道："你要吃这个吗？"菊芬并没有答话，就伸手去掏袋里的钱。在平常的时候，计春不大敢吃热天里的冷食，总怕会惹出什么毛病来，今天自己是很高兴，看到菊芬要吃，就抢上前去买。那个卖水果的人，身上穿了一件白布背心，露出全身的黑肉，手上拿了一只棕刷，不住地在摊上轰苍蝇。他这摊子上，摆着有整堆的桃子，杏子，汽水瓶，咸瓜子，甜花生仁，这差不多都是苍蝇的追逐物。虽是那个小贩有一下没一下地在那里轰着苍蝇，然而那苍蝇却是比小贩还要努力，你轰只管轰，它追逐食物，依然还是追逐食物。……二人在大观亭玩了一会，看到太阳西坠，带了半天的红云，沉落到江里去。……

　　第三十六回　事白各断肠生离死别　病瘥一哭墓地老天荒

　　计春走上了街，将身上储蓄的钱，买了一瓶酒，几色水果，一束纸钱，出了西门，慌里慌张，就向玉虹门而来。这时，已经到了下午四点钟，正是小学生下学回家的时候，不断的看到小孩子背了书包，在街边走。有的有大人领着，有的是合了小孩子的伙伴走。计春看到，想起以前自己在省城读书的事，便觉心如刀割。他正为难着，却见一位五十附近的人，背上负着一位八九岁挂书包的男学生。那孩子只管用手去乱摸那人的头发，那人不但不生气，而且还哈哈的笑着。计春看呆了，却有些不服。那人望了他笑道："先生！你有所不知，我就是这个男孩子，惯坏了，只要他好好的念书，淘气一点，那是小孩子的本性，也就不去管他了。"计春点头道："作父母的，都是这样想，哪个作儿女的，能体谅父母的苦心。"那人笑道："这位先生！你真是好青年。你老太爷有福气，有你这样好的儿子。"计春不敢向下说了，怕是会落下眼泪来，一路走着，看了那小儿女的父母，笑嘻嘻的欢迎儿子回家。心想他们必是这样的继续向下做，将儿女由小学升到中学，由中学更升到大学，结果呢像我也是其一罢！他心里慌乱着，穿了小巷，走到玉虹门。这玉虹门有安庆一道子墙，当年曾国藩和太平天国的军队，两下对峙的时候，在山头上新建筑的。出了这门，高高低低，全是乱山岗子。山岗上并无多少树木，偶然有一两株落尽了叶子的刺槐，或者是白杨，便更显着荒落，不过山上枯黄的冬草，和那杂乱的石头，也别是一种景象。这里又不断的有那十余丈的山沟，乃是当年军营外的干濠。西偏的太阳，照着这古战场的山头，在心绪悲哀的人看着，简直不是人境，所走的一条大路，是通计春家乡的。在那边山坡上，不断的拥出一些土馒头来；有的土已稀松了，棺材洞穿，露着不全的骷髅骨在外。计春站在一个小高坡上一望，乌鸦阵阵的，由头上飞过去，西北风由昏黄的太阳光里吹到人身上来，却别是一种冷法。在斜坡那面，紧傍了大路，有个小土地庙，那里也有许多乱坟，父亲必是埋在那里了。一口气直奔过去，果然高高低低，有十几个坟；其中有一个坟头，短短的碑，望了故乡的芦，上面写着："故周世良之……"那个"墓"字，已经被土埋着了。计春静悄悄的，将手绢包着的水果陈列着，将纸钱解散，擦了火柴来焚化了，将酒瓶打开，洒了酒在坟头上，一阵心酸，便跪在这短碑之前，自己哽咽着，不知身在何处了。耳边听得有人在大路上道："那个穿西服的人对坟头下跪，奇怪！"又有人道："那大概是替父母上坟的。这个年头，青年人肯替父母上坟，也就难得了，一百个里面，难找一个。"又有一个人道："你这一包饼，买回去给什么人吃？"又有人答："给儿子吃！"又问："你既然知道一百个儿子……"那声音越说越远了，有些听不清楚。计春依然跪在碑前，口里叫道："父亲！我是天地间一个罪人。你饶恕我，让我自新罢！我的心碎了！"那西边的太阳，快要沉下去，发了土红色，靠近了白茫茫的江雾。它好像不忍看这大地；因为这大地上有无数的父母，在那里作牛马；无数的儿女，在那里高唱铲除封建思想，而勒索着牛马的血汗，去做小姐少爷。计春这一声"我是天地间的罪人"，感动了太阳，所以太阳的颜色，也惨然无光了！

[附注]　小说中有关大观亭及其附近风物的描绘，既是小说情节发展的需要，也是作者主观创作意图之使然。

[小析]　人们在评论张恨水小说创作时，有一个被人们忽略的地方，就是对民国时代青年成长问题思考的题材。这就是被誉为"三大时代"的三部小说：《似水流年》《过渡时代》《现代青年》。

《似水流年》又名《黄金时代》，1930年至1931年9月18日在沈阳《新民晚报》连载，1931年1月至1932年12月被上海《旅行杂志》5卷1期至6卷12期转载，单行本1933年2月由上海中国旅行社出版。

《过渡时代》，先刊山西《太原日报》，1932年11月14日至1934年4月1日被《南京晚报》转载，上海《晶报》1935年12月2日至1937年5月21日转载易名《新人旧人》。单行本1947年4月由上海春明书店出版。

《现代青年》，又名《青年时代》，1933年3月27日至1934年7月30日连载于上海《新闻报》，1934年由上海摄影社出版单行本。1938年上海励进出版社盗版，易名《少年绘形记》。

在这组小说其中一部《过渡时代》的出版序言中，作序者钱芥尘转述了张恨水"三大时代之说部"的构想："民十七之冬，愚与恨老同客辽沈，时《新民晚报》创刊，恨老既付以《天上人间》长篇巨著，且谓：将成'三大时代之说部'。曷谓'三大时代'？即本书之《过渡时代》，《新民晚报》之《黄金时代》，后改《似水流年》。《青年时代》，刊诸《新闻报》，易名《现代青年》。"

张恨水在《现代青年》自序中所说，小说"以青年读书不成为主题"。三部小说中，《似水流年》《现代青年》结构相似：一个中学毕业的男学生离开家乡，到北平考取大学，大学生活颇多波折，而最终"读书不成"，四处漂泊，悲剧收场。写作时间靠后的《过渡时代》主角则由南边返回北平，一个运动青年，"读书不成"而善于制造运动风潮，凭借运动本事，最终谋事成功，迎娶娇妻，讽刺喜剧的味道很浓。以"新青年"为主角型，这三部曲并非张恨水的首次尝试，《啼笑因缘》中的樊家树，即一赴平考大学的学生。不过相对书中的三位女性，作者花在他身上的笔墨实在不足。到了三部曲，张恨水才紧紧聚焦在"樊家树"们身上，细描着他们的生活轨迹、空间，展示着其形象、行动、言论，也常针对性地发表几句自己的阐释和议论。有趣的是，张恨水写"新青年"，从不写他们的"读书有成"，而只写"读书不成"，这固然和流行小说作意好奇、不写常态有关，但读者为什么喜欢看这一套？被凝视的"新青年"何以以此视像最能被接受？这是值得思考的。而"三大时代之说部"确实可称为畅销，不但多次被报纸转载，盗版迭出，且有相关的影片衍生。

《现代青年》叙述了一个由于儒家伦理道德崩解而引发的社会悲剧，试图引起人们对儒家学说进行重新评估的兴趣，虽然在当时未引起大的注意，但在今天看来，都表现了张恨水的超前眼光和独到的见解。

《现代青年》所包含着的独特的现代气息，文本字里行间处处体现着创作者对现代商品经济社会中人的命运的关注，其中涉及现代社会中城乡文化之间的对立与冲突、传统与现代思想之间的交锋、以及现代都市文明对人的异化等等一些具有现代色彩的命题，是一部能够体现张恨水现实情怀与现代意识的力作。《现代青年》又是一部社会小说，具有讽喻现实、警世喻世的社会效用，同时也是一部教育小说，由主人公周计春的成长历程和堕落行迹揭示年轻一代人的生活现状和精神状态，也表现作者对所谓的现代青年乃至现实社会的不满与忧虑。实际上，将现代青年作为批判主题符合张恨水一贯的关注现实、关心民生的现实主义创作风格。张恨水的小说大都带有强烈的社会批判性质，其中有不少小说的批判矛头就是针对那些贪图享乐、骄奢淫逸的青年男女的。其中所表现的众多细节仍值得今天的我们深思。

第二节　张恨水安庆足迹点滴

安庆作为曾经的省会，是一座滨江城市。张恨水没有在此工作过，但在其生命历程里却有着举足轻重的作用，这里的山水、大街小巷、人文历史，曾经留下过他的足迹。曾在此有过短暂的停留，他欣赏和品味着，有着一种割舍不了的情感。

一、安庆元宁巷故居

在安庆，人们知道最多的大概就是位于杨家塘东南方向的近圣街元宁巷3号张恨水故居了，现在的故居其实已经根本谈不上"故居"：曾经的张恨水先生故居早已被拆除，代之而起的是现代水泥建筑楼房。楼前接有一大间平房，墙壁上镶嵌着一块"张恨水故居旧址"的匾牌，周围布满了办证小广告及其它涂鸦，锈迹斑斑的钢筋大门上挂着锈蚀得恐难打开的铁锁。透过钢筋门，推开虚掩的木门，里面零乱堆放着一些老旧房屋上拆下的木质构件，现在是文物部门的仓库。

2008年7月10日笔者首次所见的张恨水故居

2017年11月9日，由《皖江晚报》记者任祥斌陪同再次寻访张恨水故居

安庆作为历史文化名城，张恨水故居至今还面临着这样尴尬的处境，看后不禁令人扼腕叹息啊！笔者正是带着如此心情，查阅资料、采访当事人，开始了寻访张恨水安庆足迹的征程。

（一）张恨水为何购买这份房产

张恨水在《写作生涯回忆》里如此写道："二十二年（注：1933年）春，长城战事起。我因为早已解除了《世界日报》的聘约，在北平无事。为了全家就食，把家眷送到故乡安庆，我到上海去另找生活出路。而避开烽火，自然也是举室南迁的原因之一。"
郝漾《回忆我父亲郝耕仁与名小说家张恨水的友谊》一文："为躲
避战乱，张恨水将家中女眷迁至安徽安庆，住张东野家。"1933年9
月，形势略有好转，张恨水由北平到达安庆；接家人（女眷）返回
北平。同时将郝耕仁长女郝漾带到北平，安排在自己创办的北华美
专就读。此行在安徽安庆元宁巷购置一处房产（注：即元宁巷3号故
居）。徐文淑则留在安庆，居元宁巷3号（注：后改元宁巷5号），
直至1958年在安庆去世。

[按] 据1933年9月10日上海《晶报》《张恨水自称苦买卖》
（夏全寿自皖寄）一文记载，"举国瞩目之名小说家张恨水氏，由
平南下，莅安庆，寓来安栈八号。五日，亲至安庆上海银行，领取
其个人由平汇来之汇款。行中李君，见名刺，乃与纵谈，并盛誉其
作品惊人，而张君谦逊不已，连称我们是苦买卖。闻张君拟六日即
搭乘安合路汽车赴潜山原籍，迎其令堂赴平居住。路经新都，或将
小作勾留也。"可知张恨水此行的行踪与目的。

摄于20世纪80年代末期的元宁巷故居　　安庆元宁巷故居俯视图（黄明绘）

（二）张恨水故居的演变

2017年11月10日，安庆收藏家孙志方先生向笔者提供了有关元宁巷故居的有关资料。这是张恨水大妹张其范1986年书面向安庆市侨办请求落实侨房政策的报告。其中较清楚地交代了徐文淑去世后故居的基本情况。

报告全文如下：

安庆市侨办负责同志：

我名张其范，30年（注：1930年）毕业于北平师范大学（现北京师范大学），退休教师，是已故张恨水的胞妹。安庆元宁巷5号（注：原为元宁巷3号，后房改时改为5号）住宅系张恨水私房，因张恨水生前在北京，其子女也远在北京、美国和香港，故我受大哥和其子女的委托，代管该屋。该私房于59年（注：1959年）和66年（注：1966年）二次错改，于85年（注：1985年）3月归还了产权。另外，元宁巷3号（注：原为2号，紧挨张恨水房子并共一面墙，系1947年购买，后房改时改为3号）住宅系我私房，65年（注：1965年）错改，84年（注：1984年）11月归还了产权。

我十分感谢市政府归还了我们私房产权，并将这一喜讯通知了国内外的侄们。但通过一年的实践，归还的房屋却给我带来了忧虑，因为退回来的房子有名无实，使用价位等于零，不能提供即将南归和回国探亲的侄们使用。特将情况和要求向您反映，请给予支持，落实有关侨眷政策。情况和要求简介如下：

（一）私房房改情况和房屋现状

张恨水（原名张心远）的元宁巷5号住宅原有房屋235平方米，

于59年（注：1959年）和66年（注：1966年）全部改造。在改造期间，于83年（注：1983年）元月31日，由房产部门出租的租户人为地造成火灾，烧掉正房116.7平方米，尚剩下偏房五间。该房于85年（注：1985年）3月归还了产权，但烧掉的正房未给以任何处理。归还的偏房也均已年久失修，有的要倒，已不住人。另外，市热工仪表厂闻口宝同志于84年（注：1984年）在被焚房屋的屋基上强建了约30平方米的无建房执照的房屋。

65年（注：1965年），我家自住房五间被改造，于84年（注：1984年）11月归还了产权。原房没有拆除，但前后院被破坏掉了，盖了约70平方米的房屋。归还的房屋均已破旧漏雨待修。

（二）归还的房屋有名无实，使用价值等于零

我家私房从未出租过，张恨水私房少量出租，房改后均是由房产部门出租的。根据规定，归还的房屋应由原房产部门出租的租户住居。市政府所下文件虽要求租户单位尽可能早日安排职工迁让，但租户单位片面强调换约续租，有房或正在分配房子的单位，也不给这些租户安排住房，所以至今仍没有一户租户迁出。房主无权处理自己私房的规定，显然与有关法律条文相矛盾；如果这种强行"换约续租"是过渡性的，那就应有一个期限，如不限期归还原房，我们通过一年的时间，已证明其使用价位等于零，是不能落实私房政策的。就我个人讲，也是难以向国外侄们解释清楚的。

（三）被烧掉的房屋既不赔偿，又不允许张恨水重建被焚家园

因他人人为地造成火灾而烧掉的私房，按理应给以重建或赔偿。张恨水私房被烧掉后，一不重建，二不赔偿，一烧了之的做法不符合宪法"保护公民私有财产"的规定。如果强调这是个特殊情况，归还一块被焚房基，而地皮又是国家的，这确实令人啼笑皆

非！我个人认为改造的或未改造的房屋，均应受到宪法的保护；如果有关北门在处理这样问题有困难时，首先应讲清楚困难情况，并应帮助和鼓励房主重建被焚家园。反之，如果认为一烧了之，归还几间残房就不错了；我不客气地说，以这种思想来指导落实私房政策是不会不发生问题的。

张恨水动员社会力量重建被焚家园，不花政府一分钱，有关单位理应给以支持。但市城建部门既不听取意见，又不了解情况，武断地以"成片规划建房"为理由，拒不发给建房执照。这种简单、生硬的作风很不妥当。另外，以成片规划建房来否定张恨水重建被焚家园，在政策上是无依据的，在处理问题上是脱离实际的。今发表意见如下：

1. 在政策上无依据：

中央和省的城建方针在点、面建设上是"点面结合，以面为主"。并没有一刀切，规定面以外的，一幢楼也不准盖。没有规定在城建上一切建设均需服从成片规划建房，更没有规定成片规划建房可以排斥统战政策的落实，可以排斥侨务政策的落实，可以排斥公民重建被焚家园的权利。

2. 处理问题是脱离实际的：

张恨水私房既不是规划区，又不面临大街、小街，而是处于偏僻的一角。并且建房是仅在我和张恨水两家房基上，不涉及他房。因此，建房谈不上影响市容，影响城市规划。如果一定要先在这个偏僻的角落搞成片规划建房，而置市规划区或大街、小街于不顾，那城建部门就应该制定具体规划。城建部门既不进行规划，又不允许重建被焚家园，那道理安在？！如无其他原因，这样处理问题起码也是脱离实际的。

3. 不符合安庆市建房实际：

安庆市到处都有新建楼房，有成片的，也有单独的，这是有目共睹的。为什么这些单独兴建的楼房却又符合"成片规划建房"呢？更奇怪的是在张恨水私房以南50米处已建成一幢五层楼房，以西30米处正在兴建一四层楼房，以北不到2米处新盖一两层楼房。实际情况如此，那为什么张恨水重建被焚家园却要加以否定呢？

从以上情况看，张恨水和我私房政策落实的情况是：租户不能撵，租户单位又不安排租户住房，归还的房屋使用价值等于零，烧掉的房屋不赔，重建被焚家园又不允许，要倒的让它倒，烧掉的一烧了之。这种现状，无论从维护宪法，还是从落实统战政策和侨务政策上，都是存在问题的。因此，请侨办给以支持，并提出以下要求：

1. 有房和正在分配职工住房的单位，请给以租户安排住房，将租户迁让出；现无房单位，请限期归还原房。

2. 允许张恨水动员社会力量重建被焚家园。

以上如有不妥之处，请指示。

此致

敬礼

安庆市元宁巷3号居民张其范
1986.2.17

抄送市侨联。

　　附：张恨水简历

　　张恨水，又名张心远，现代皖籍名作家，生前系中国作家协会会员，中央文史馆馆员，他所作的作品有100多部，有的已译成多种外国文字，保存于各国图书馆，仅美国国立图书馆保存他的作品就有60多部。他的作品在国内外影响较大，尤其是日本、南洋和美国，美国由研究张恨水小说而获得汉学博士的有多名，香港明河出版社出版了《张恨水全集》。新中国成立后，他的作品在各省再版了近廿部，今年安徽省又出版了张恨水选集。张恨水又是老新闻界知名人士，他曾任北京、南京一些报纸的记者、编辑、总编，并和陈铭德、张友鸾等人组建了《南京人报》、各地《新民报》（北京《新民晚报》和上海《新民晚报》前身）。早在抗日战争中期，周总理就对他的作品作了肯定。毛主席对他很重视，1945年10月，毛主席赴重庆与蒋介石进行"和谈"期间，曾亲自至南温泉走访了张恨水。新中国成立后，张恨水身患瘫痪重病期间，周总理指示有关单位要治好他的病，当时的中央统战部部长李维汉曾多次探望他的病，并按毛主席的建议，每月补助他300元钱。

又：

安庆市侨办：

　　市元宁巷5号住宅系侨眷张恨水（又名张心远）的私房，原租户丁曰彩、丁海潮租住的二间房屋（使用面积共25平方米），一间要倒，已不住人，一间漏雨，也难住人。产权归还后，因安全问题，我们没有和原租户办理换约续租手续。现该户所在单位（市二建司第一施工处），正在给其职工进行分配新建房的工作，请对照有关政策，去函二建司，给丁曰彩、丁海潮优先安排住房。

　　致

礼

张心远私房代管人：张其范　　1986.4.4

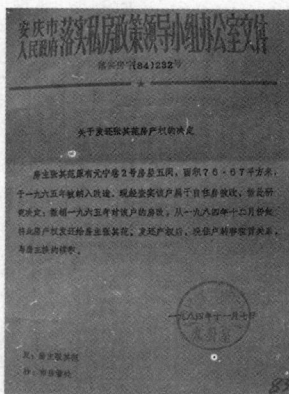

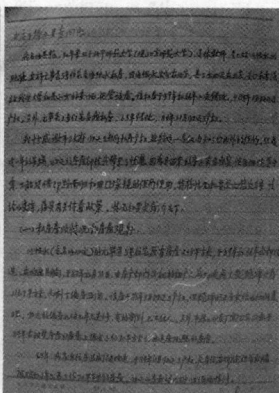

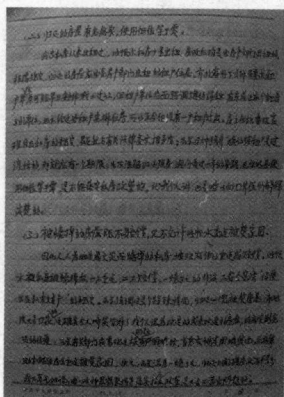

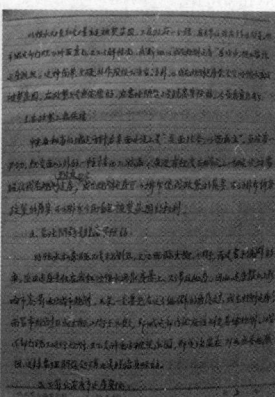

报告原件

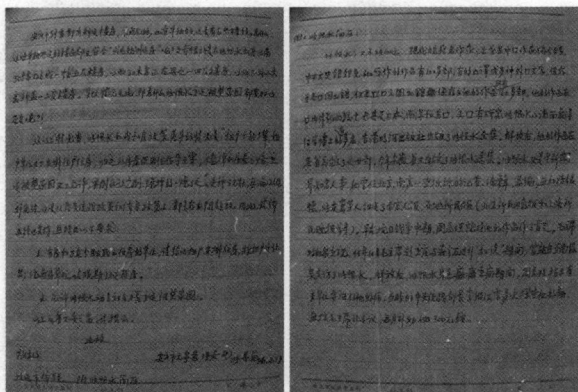

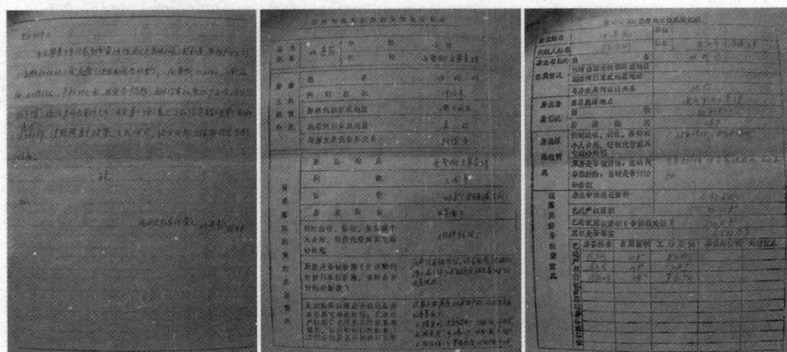

报告原件

（三）社会关注故居现状

1. 2011年5月27日上午，笔者陪同张恨水四子、国家京剧院编剧张伍与张恨水长女、美国中华文化艺术同盟主席张明明，来到故乡安庆，寻找阔别65年的儿时记忆。

2011年5月底，张伍、张明明兄妹在故居前留影

在安庆期间，张氏兄妹在安庆文史学者张健初、任祥斌等陪同下，一起游览了安庆风光，参观了张恨水故居旧址、大观亭遗址，以及迎江寺，拜谒了陈独秀墓，到黄梅戏会馆观看了黄梅戏。还寻找了1946年租住的焦家蠡楼，见到了张伍儿时的玩伴焦爽先生。

2. 安庆市政协委员汪建国等2006年3月提交《关于筹建张恨水纪念馆的提案》。提案全文如下：

安庆作为千年古城，百年省会，已被国务院批准为国家历史文化名城。古往今来，这里人文荟萃，人才辈出，在这片热土上曾产生了许多在全国具有影响的重要历史人物，发生了许多重大历史事件。为了更好展示安庆作为中国国家历史文化名城的风采，提高安庆在国内外的影响和知名度，我们不能遗忘在这片热土上成长的一位重要历史文化人物——通俗文学大师张恨水先生，故而提议在安庆筹建张恨水纪念馆。

其理由如下：

一、张恨水（1895—1967），原名张心远，安徽省潜山县岭头黄岭村人。他在近半个世纪的写作生涯中，创作了一百多部通俗小说，其中绝大多数是中、长篇章回小说，总字数近2000万言，以世人皆知的《春明外史》《金粉世家》《啼笑因缘》《八十一梦》四部长篇小说为代表作。在小说之外，他还写有大量文艺性散文和新闻性散文，再加上3000首左右的诗词和一些剧本，全部作品3000万言以上，影响海内外，人称"章回小说大家""通俗文学大师"和新闻战线上的"徽骆驼"。

特别令人敬仰的——抗日战争期间，他率先发表了鼓动抗战的《太平花》《热血之花》《东北四连长》《潜山血》《前线的安徽，安徽的前线》《冲锋》《游击队》《弯弓集》等一系列抗战作品。他写的抗战作品，有很多是潜山家乡人提供的素材，可歌可泣，亲切动人。1942年秋，周恩来曾赞扬他："同反动派作斗争，可以从正面斗，也可以从侧面斗，我觉得小说的体裁揭露黑暗势力，就是一个好办法，也不会弄到'开天窗'，恨水先生写的《八十一梦》，不是就起了一定作用吗？"1945年秋，国共两党重庆谈判时，毛泽东接见了张恨水，长谈两个多小时。握别时，毛泽东将延安土产的呢料和红枣、小米送给张恨水。1956年1月，张恨水列席全国政协二届二次会议，第二次与毛主席握手言欢。作为在国内外有影响的一位通俗文学大师，我们纪念他，研究他，在安庆建立张恨水纪念馆，无疑是为国家历史文化名城安庆又增添了一个亮点。

二、我们曾考察，在安庆近圣街与北正街交汇处有张恨水先生故居，可惜已被拆除，代之而起的是现代水泥建筑楼房，底层挂有"张恨水故居旧址"7个字，原有的设置已荡然无存，外地观光游客找到此处，只能扼腕叹息。在张恨水故乡潜山县早已建有张恨水先生展览室，可惜规模不大，无法展现这位"章回小说大家""通俗文学大师"的原有风貌。在安庆建立张恨水先生纪念馆，无疑是为海内外有识之士弥补了这一心中的缺憾。

三、近年来，我市已重点修复了世太史第（赵朴初故居）、陈独秀墓园、玉虹街古城墙、明伦堂、大南门清真寺、探花第、同仁医院、安徽大学红楼、敬敷书院和革命文物陈列馆等一批文物古迹，马炮营起义旧址和谯楼修复工程、太平天国英王府维修工程已正式启动，大观亭复建工程和陈独秀故居修复工程也正在筹备之中。大凡到安庆来旅游观光的游客均认为：安庆文化底蕴深厚，文史资料介绍很多，但真正能见到的实景看点仍然不多。因此，留不住大批游客，也影响安庆经济的快速发展，应尽快挖掘、抢救、恢复。建立张恨水纪念馆，不仅增补了一个实景看点，更是为加快安庆崛起，提供了一个人文素养的支撑，同时也为我们开展皖江文化研究，活跃学术研究氛围，加强国际文化交流，提升安庆城市品位设立了一个活动平台。

综上所述，我们建议：

一、市委、市府组织有关专家、学者及张恨水后人研讨建立张恨水纪念馆的具体措施，组建专门班子，实施建立张恨水纪念馆的具体工作。

二、张恨水纪念馆的建立应有皖江文化特色，除了塑有张恨水先生雕像及张恨水先生生平事迹展室，应建有其代表性作品，《春明外史》《金粉世家》《啼笑因缘》《八十一梦》《巴山夜雨》

《纸醉金迷》《五子登科》等各个展室，并运用高科技"声、光、色"展示各小说人物活动图像（特别是早期改编的电影向游人播放），各展室还可以建立各时期小说主人公蜡像，使游人有看头，流连忘返。

三、张恨水纪念馆资金来源，实行谁建馆谁受益。政府出一部分、向市民集资一部分。也可在政府选址后向海内外宣传，呼吁民间及海外企业家投资建馆，运用各种形式吸纳资金，建成一个高品位、有特色的纪念馆，将来分层受益。

不久前，在宜召开的"安庆市国家历史文化名城保护规划评审会"上，国家建设部有关领导和专家指出："安庆这座城市的最大特色主要是体现在近代历史发展上，这与绝大多数历史文化名城是不一样的。"国务院在有关批复中也明确指出："安庆的城市发展历史，特别是城市近代发展历史，在我国历史发展上具有重要地位。"在今后的挖掘、抢救、恢复古迹和展示安庆各类重要历史人物、重大历史事件中，必将再建各种纪念馆、展览馆；我们希望：张恨水纪念馆的建立树立一个好的样板，铸造安庆历史文化的新辉煌。

提案人：民进—汪建国

（选自《安庆政协网》）

[小评]　此提案从一个侧面表达了人们对安庆作为历史文化名城，下大力气挖掘、抢救、恢复古迹和展示安庆各类重要历史人物、重大历史事件，提升安庆城市内涵与品位，为子孙后代留下丰富宝贵的文化精神遗产的呼声和诉求。

二、租住小东门蠹楼

1946年1月下旬，张恨水携周南、张全、张伍、张明明、张蓉蓉及张文，离开南京去安徽安庆看望久别的母亲及亲人，并在安庆过农历春节。

到达安庆时，受到安庆文艺界的热烈欢迎，"码头上聚集了欢迎的亲友，安庆文化界组织了欢迎的队伍，打着红布横幅，上写'欢迎张恨水先生胜利返乡'"。（张伍《雪泥印痕：我的父亲张恨水》）"并在安庆四牌楼的杏花村大酒楼举行了欢迎大会，张恨水发表了即兴演讲。是安庆六邑各地代表人物的宴请聚会，由我父亲张东野主持，我记得有光明甫、沈子修、赵伦仕，还有安大教务长李湘若（五四时小有名气，个头不高，其貌不扬，穿西服，很会辞令）、徐介卿、杨慧存、张杰、薛暮桥等先生参加。"（张羽军提供）

到安庆后，租住位于小东门的焦家楼房，是原安徽省陆军陆地测量局局长焦山的公馆，又称"蠹楼"，地处小东门，原东门大塘东，再前行，是建设门（小东门）。现仅存厨房后墙半截残垣断壁。

焦家楼房全景（摄于1950年）　张恨水租住的焦家楼房西侧剪影

（以上两张照片均为焦肃提供）

原焦家蠡楼仅存的厨房后墙屋基

（位于宝善庵街迎江区人民法院大楼旁，摄于2008年）

[注]　焦家（房东焦山，号石仙，怀宁人）楼房（又称"蠡楼"）是一幢两层楼的西式建筑，楼上、楼下共四套住房，前有小花园。门牌为建设门（小东门）1号。楼外是一片广场，楼前有一

口水井，离水井不远处，有一泓池塘（东门大塘），塘边杨柳环
绕，鸭群在塘中追逐嬉戏，楼东就是小东门。据雪夫《建设门忆
旧》（载2008年第2期《振风》）介绍，当时由其堂妹张耘野（张东
野小妹，当时住蠡楼对门）介绍，租下蠡楼西侧楼下一套与楼上一
大间，二夫人性情好，都称其为"好妈"，张恨水（母亲）与其子
张小水住楼上，张恨水与三姨太周南、姨太之舅及子女住在楼下，
时间将近一年。另载张恨水曾游览迎江寺，登振风塔时，一时诗兴
大发，挥毫题壁，写下"大江东去"四字，落款为"潜山张恨水
题"。

张恨水后来曾写诗咏怀当时回安庆全家团聚的情景和心情：

八载回来喜欲狂，夕阳楼下置归妆。凭栏遥见慈亲立，拜倒风
沙大道旁。

飞步登楼一笑盈，座前再拜叙离情。八年辛苦吾何恨？又听慈
亲唤小名。

2011年5月27日张伍、张明明在儿时安庆玩伴焦肃家畅叙

当2011年张伍、张明明兄妹再次来到安庆焦家楼房旧址时，勾起了张伍的记忆：

1946年1月，我们随父母回到安庆欢度春节时，我才8岁，我清楚地记得，外婆站在门前的水井旁等待着，祖母倚在小楼的平台上，翘首远望。父亲在路边看见楼上的祖母，喊了一声："妈妈——"话音未落，便顾不得地上尘土的肮脏，远远地向祖母跪了下来。当时租的是焦家一幢两层楼的西式建筑。楼外是一片广场，楼前有一口水井，离水井不远处，是一方池塘，塘边杨柳环绕，鸭群在塘中追逐嬉戏，楼后就是小东门，我和哥哥常常到城墙上去放风筝。房东有两个和我年龄相仿的男孩，就是焦肃、焦爽兄弟，也和我们一起玩，我们成了很好的朋友。几十年过去了，这次故地重逢，两位老人的忆旧别情溢于言表，令我们十分感动。

此前的2008年，笔者在皖江文化研究会张健初副会长引荐下，专程赴蠡楼主人焦山的三子焦肃先生家里就蠡楼及小东门等情况进行了走访。焦老向笔者描述了民国时期小东门及其周边的状况：

安庆老城原有5个城门，东门名枞阳门，实际上位于老城东南。民国时期，不少社会名流如舒鸿贻等，曾呼吁在东北城增开城门，以方便市民进出。民国11年（1922年），时任安徽省省长的许世英，在宝善庵街之南侧新辟城门，曰菱湖门，但有城门而无城楼，规模比枞阳门要小得多，故俗称小东门。城门外经一片开阔地，即抵达护城河（壕沟），上架有简易木桥，过桥即为环城马路，北行可直达菱湖。桥东为一片水田，再向东则是一小山，从前是处决死刑犯人的刑场。

后来菱湖门又改称建设门，城门内有一东西向的小街，街名亦为建设门，长不过二三百米，西接锡麟街，中段北连宝善庵街。当时安庆街名以门结尾的仅4条：大南门、小南门、同安门与建设门，均由老城之城门而得名。"文革"时，锡麟街改名红卫街，建设门也改名为红卫街东三巷，建设门这一街名从此在安庆消失，只保留在尘封的档案中了。"文革"后建设门又改名为锡麟街东三巷，新世纪伊始，老建设门东段并入宝善庵街，西段又改名为锡麟街东四巷。

抗战胜利后，建设门仍完好，但大门紧闭，已不通行人，城门洞内因为能避风雨，成为丐帮的大本营。护城河上的简易木桥，亦不见踪影。城门附近之城墙，外面城墙砖基本完好，而城墙内侧则无城砖，全是黄土斜坡，是我们这些小孩子"打仗"的好地方，打赢了在坡上占有一席位置，打输了则滚下坡来，大家乐此不疲。张伍所说的即指此事，这里成了我们的乐园。夏天时，城墙边的灌木丛中，有无穷的乐趣，这是我们的"百草园"，记得有一次大概是摸到了纺织娘的老窝，捉到整整一篮子纺织娘。

20世纪50年代初期，安庆市军管会决定拆掉安庆的城门与城墙，找民工来干，付不起工资，最后不知是谁的主意，确定由劳改犯来拆，劳改犯系专政对象，又好指挥又不要钱。当时安庆市副市长操振球（系民盟人士）反对扒城墙，党内也有反对者，但是市领导主意已定，即雷厉风行，几年内即全部拆光。而党内的那些反对者，因此还挨了批评，甚至作了检查，才勉强过关。安庆这座历史文化名城，就这样告别了有几百年历史的城门与城墙，令人扼腕长叹。

抗战前的建设门，地处老城东北隅，并不繁华热闹，街道南北两侧的住户亦不多。

建设门街北侧简况如下：

紧靠城门是警察局的一个值班室，常年住有警察，每天定时开启和关闭城门。

向西则有一土地庙，为两层建筑，楼上供有神像，楼下住有一户人家，童姓。

土地庙隔壁，为我家的花园楼房，名为蠹楼，门牌号码为建设门1号。我父亲焦山，早年毕业于北京测绘学堂，终身从事测绘工作。时任安徽省陆军陆地测量局局长、安徽省土地局技正、省土地局测量队队长。1933年，倾其全部积蓄，由其亲自设计，营造此屋。蠹楼为西式两层小洋楼，楼上、楼下共4套住房，前有小花园。蠹楼建成后，我父亲曾撰楹联一副云："辛勤卅年始有此屋，跋涉万里还读我书。"表达了老退后在此屋闲读诗书、颐养天年的愿望。可惜的是，抗日战争爆发，他携全家流亡贵池，后因病过早地离开了人世。

我父亲在建蠹楼之前，曾在隔壁建设门2号买了一所旧平房，住了数年。1932年，我母亲就是在旧房里去世的，省长吴忠信曾亲来吊唁，还专门派省政府军乐队在出殡时演奏哀乐。后来我母亲葬在贵池唐田乡间，被人掘开坟墓，割去头颅，这是所谓"绑阴票"，要索取一笔不小的赎金。省长吴忠信闻讯后，十分震惊，严令警局抓紧破案，后来罪犯终被抓获，人头追回，重新葬入墓中。犯罪分子也咎由自取，病死狱中。

小时候我曾与弟弟焦爽在蠹楼东北角的城墙下玩耍，发现一块巨石，经仔细辨认，系一古树化石，当时也并未将其当成什么宝贝。化石是原来就在此处，还是建城时由别处当石头运来，则不得而知。新中国成立初期，化石被运往菱湖公园展览，因其已有上亿年历史而轰动安庆，观者络绎不绝。古树化石后来又运到省会合肥，就不知道放在哪儿了。

抗战胜利后，著名言情小说家张恨水先生，返回安庆小住。由其亲戚张耘野介绍，租下蠡楼西侧楼下一套与楼上一大间，二夫人性情好，都称其为"好妈"，与其子张小水住楼上，张恨水与三姨太周南、姨太之舅及子女住在楼下，时间将近一年。张恨水曾游览迎江寺，登振风塔时，一时诗兴大发，挥毫题壁，写下"大江东去"四字，落款为"潜山张恨水题"。还有一次，张耘野家来了一个瞎子，会摸手相，好妈与三姨太也去了，先摸好妈，瞎子说："你不是原配。"接着摸三姨太手相，说："你连二房都排不上。"事后大家对这个算命瞎子大为叹服，称其料事如神。

蠡楼之西，靠塘边有一座两层小楼，房主几经转手，抗战胜利后由於树峦购得。於树峦，怀宁人，早年从事测绘工作，后从政，历任安徽省政府秘书、南昌行营新生活运动总会干事、浙江省第一行署督察专员兼保安司令。他在湖州任上时，决定不去台湾，将湖州完整地移交到解放军手中，功劳不小，应属起义人员。后蒙冤入狱，病死狱中，20世纪80年代始获平反。但他一直滞留在浙江，未能回安庆入住此屋。

於家小楼再向西，就是著名的东门大塘。大塘之北，为吴纯嘏先生的宅院。吴系枞阳人，早年毕业于安徽法政专门学堂，先后任职于省财政厅及桐城某中学，新中国成立后历任安庆市政协第一届至第五届委员、常委。

东门大塘原来面积颇大，因为污染严重，附近居民也只能在塘中洗洗衣物，不少养金鱼者常到塘中捞沙虫。后来从西边开始，被人逐渐填土蚕食，面积日益萎缩，只剩下约三分之二。最后迎江区法院又在其上盖了办公大楼，整个大楼是用几十根柱子支撑在大塘上面的。从此, 东门大塘便藏入大楼之下, 不见天日。

大塘之西, 为著名民主人士史沛然先生的宅院, 俗称史家大屋。史沛然先生也是枞阳人, 清末曾秘密加入"岳王会"从事反清活动, 先后参加安庆"马炮营起义"和"新军起义"。民国时在柏文蔚手下任三十三军混成旅旅长, 后又投资实业创办垦植社。新中国成立后任省文史馆馆员, 曾任安庆市政协副主席、安庆市一至四届人民委员会委员。

下面讲讲建设门街南侧的情况。

一进城门, 就是外国教会的菜圃, 可能是天主教的, 经常可以见到外国修女(安庆人俗称嬷嬷, 读mǒ mǒ)在园中劳作。记得园中栽了不少西红柿, 那时国人还不会食用。好事者在城墙上看到园中红艳艳的一片, 心中发痒, 便在夜间翻墙进入, 摘了个西红柿咬一口, 马上吐掉, 说这东西, 好看不好吃, 怪味。后来也就没有人去偷了。直到新中国成立后, 西红柿才在城郊大量种植, 成为普通百姓餐桌上的美味。

蠹楼对门的一家, 前面有一个大院子, 后面是好几间平房, 主人姓徐, 曾经当过县长, 夫人名张耘野, 也是一位民主人士, 好像是潜山张东野先生的妹妹, 张东野历任省市政协委员、省民建、工商联副主委、合肥市副市长。她家的房子, 卖给了市检察院, 后来又转卖给第一人民医院。

再往西, 就是周悦侨的"侨庐"。周悦侨, 枞阳人, 毕业于省测绘学堂, 长期供职于省测量局, 任皖东测量队队长。侨庐建于1928年, 建成后周悦侨曾撰联曰: "半亩小园常种菜, 三椽矮屋不招风。"侨庐落成时, 我父亲曾作四首绝句相贺, 其中一首是: "侨庐虽小不须猜, 且喜明窗四面开。城堞最难残处好, 放他塔影入楼来。"侨庐占地面积颇大，主建筑是西头一座两层楼的大房子，面朝东而背朝西，东边有几间平房，两房之间还有一个大竹园，毛竹长得十分茂盛，这在城里是很难见到的。后来也卖给了第一人民医院，拆去旧房，盖了住院大楼。

紧挨侨庐的水井边，有一小杂货店，北对宝善庵街，正好在丁字路口。整条街只此一家，市口又好，生意还不错。小店还代办邮政，有一信箱可供发信之用。

小店之西，为张家花园，抗战前就已经衰败，只剩下东边一排厢房，不复旧时风光。

抗战前，在建设门附近有三座祠堂，其中刘公祠在张家花园之西。除刘公祠外，还有马公祠和宋公祠，都很有名气。经历抗日烽火，几个祠堂均破败不堪。新中国成立后，由于人口增多，乱搭乱建，刘公祠早已面目全非，最后在旧城改造中被拆除。

从刘公祠再向西，就是马场。大概在清末民初时，不知是什么机构曾在此设养马场，到了20世纪30年代，早已不见马匹踪迹，可马场这个名字还是留下来了。马场向西到锡麟街，还有几户人家。

短短的建设门街，却有3口水井。大塘东侧和东南角的两口水井，早在抗战前就已存在，至于是什么朝代开凿的，就不得而知了。抗战时，日军紧挨蠡楼西侧建一酒精厂，在厂南挖一水井，为酒精厂就近提供水源，井口很小，当时是用抽水机引水的。在自来水尚未普及的数十年内，这3口水井为附近居民提供清洁的饮用水，功不可没。可惜的是，在旧城改造中，3口井在施工中均被填没，如今已难觅旧址了。

此图是早年《安庆日报·百花亭》副刊题图，由张健初提供。根据张羽军的记忆与判断，这张照片是在东门大塘南面的道路上向西北方向拍的，所对方向正是锡麟街百花亭的远景。照片中左边的最高的楼房即"侨楼"，右边为"刘公祠"，两者中间为"张家花园"。均为建设门东门大塘北侧的建筑物。建设门大路南侧为菜园，无建筑物

此图为张羽军根据记忆所画（图中小姑即指张耘野，此处住房为张耘野搬迁前的住宅，与焦家小洋楼对门。大东门大塘东西北均为建筑物，南面隔路为菜园）

因采访中提及张东野、张耘野，十年后的2018年，我将采访焦肃的文字记录稿发给居住四川成都的张东野之子张羽军，他曾在安庆生活过，下为张羽军的回复：

　　焦家四儿一女我们很熟悉，长子小侠（小名）善音乐、二胡，新中国成立后在珠海任工程师，二子小西（小名），大名焦明，爱戏剧，入南京剧专，后在中央戏剧学院教学，任刊物副主编，在北京与小水、张伍有来往，几年前去世。

　　此文对小东门地理变迁的变化说得很细、无误，如土地庙和警察亭及大水塘等。但一些细节小有出入，如恨水住期题字及夫人算命是加了编功，但摸骨算命的瞎子实有其人，此人是早年柏文蔚部队的文职人员，抗战胜利后在安庆以摸骨算命为生，住在旅馆营业，门口挂着为蒋介石算过命的招牌，我们这些与柏部有关的人家都让他摸算过，但恨水夫人算命是玩笑话。你知道耘野小姑之夫徐惟一是柏部的中将参谋长。史沛然旅长离小东门很远，在黄家狮子高地处（我家与他家来往多，史的儿子在上海大学参加革命，新中国成立后是南京军区政委）。总而言之，这是很有参考价值的史料。

　　另外，锡麟街口还有桐城史大化先生之大花园，就在大水塘边（他与史沛然同是一史家），锡麟街距他家不远处，还有宣城名士梅清之后安大梅教授之家。

第三节　潜山黄岭张家其他人安庆史迹

一、张东野与张耘野兄妹

（一）张东野生平事迹

　　张东野，1889年（清光绪十五年）农历十一月二十八日出生于安徽潜山县余井镇黄岭村。谱名"芳桢"。童年，作为长孙，随祖父张开甲生活，在江西南昌上学读书。祖父为清军参将，多战功，受封"威武将军"，赐"硕勇巴图鲁"称号，赏穿黄马褂，任江西协镇都督。1901年，祖父病逝，随父亲张南圃返回潜山老家。

1905年，父亲病逝，家道中落。同年，祖母在江西病逝，作为长孙，去江西奔丧，并报考南昌江西讲武堂。时年16岁，尚未成丁，因祖父荫功，被破格录取。

1905年，在讲武堂倾心民主革命，与同学好友秘密参加革命组织"中国同盟会"，该组织由孙中山1905年创立，简称"同盟会"。

1908年，由讲武堂调至上海，先入法政专门学堂深造，后到上海警察局，任闸北分局小队长。1909年，奉母命回乡完婚。

1911年"辛亥革命"，在"上海起义"中因攻打制造局立功，被上海都督陈其美任命为淞沪警署警官、宪兵大队长。

1913年，招堂弟张恨水从潜山到上海，助其考入苏州"蒙藏垦殖学堂"。时郝耕仁也在上海警察局任职，与恨水一见如故，结为好友。

1912年，袁世凯任临时大总统，篡权独裁，欲阴谋称帝，并于1913年暗杀国民党领袖之一宋教仁，镇压革命党人。孙中山的二次革命失败，袁世凯成为正式大总统。国民党转入地下反袁，张东野化用艺名"愚公""颠颠""顽顽""张病秋"，参加"文明进化剧社"，演出文明戏，进行文化启蒙，成为文明戏名角演员，先后与李君磐、陈大悲、欧阳予倩、郝耕仁、张恨水、高梨痕等，巡回演出于上海、苏州、常州、湖南、湖北、江西等地，断续数年，直到1915年散去。

1915年在上海，张东野与叔公张寿书密谋暗杀一名由袁世凯派来的密使要员，不幸所用炸弹意外爆炸失火，二人先后被英租界警察围捕。所幸英国未将二人引渡，否则必被袁世凯政权处死（因张东野当时名列袁世凯政权的通缉黑名单中）。

张寿书，号犀草，是潜山黄岭张氏门中又一革命知识分子，曾在汉口从事文化、新闻工作，并对张恨水在写作上有过帮助。这次被捕，因伤病，惨死狱中，实为潜山无名革命先烈。

张东野在狱中饱受折磨，直到1916年底（注：袁世凯1916年6月6日病逝），才得释放。此期间，潜山老家已是家破人亡：母亲哭瞎双眼，在悲苦中病逝，妻子离去改嫁，小妹张耘野被人领养。

1916年，张恨水曾从潜山到上海探听消息，但救助无门而返。恨水回乡，1918年春，得郝耕仁推荐，去芜湖报馆当编辑，后又转去北京办报，刻苦写作，名扬文坛。对这一阶段遭遇，张东野晚年在病中写过一本七万多字的《西牢记痛》文稿，可惜"文革"中被迫交出，付之一炬。

1919年至1920年间，五四运动时期，张东野到北京《晨报》任编辑，与张恨水久别重逢。不久，张东野应安徽督军柏文蔚之约，回安庆工作。

1922年至1926年，与光明甫、房秩五、沈子修等，领导安徽"驱马（军阀马连甲）"和"倒倪（政客倪道烺）"运动。此期间，与安庆女子师范学堂学生代表蔡梅先（振华）结婚，并将早从潜山接来的小妹张耘野，送入女子师范学堂读书。后又任安徽督军柏文蔚（烈武）的交通部长，兼任33师袁子金师长的参谋长（师长袁子金后来出家修道，新中国成立后在合肥明教寺当主持道长）。小妹张耘野与徐惟一（介卿）相恋结婚（徐介卿是柏文蔚军的中将参谋长，新中国成立后，他们夫妻一是安庆市文史馆员，一是安庆市政协委员）。

　　1927年至1929年，受柏文蔚委派为军事联络代表，联络冯玉祥及各地国民党左派及反蒋军队，在郑州公开反对国民党右派蒋介石和汪精卫。此数年间，国共敌对、军阀混战，张东野曾多次掩护、营救被军队抓捕的共产党员和革命青年，如李云鹤先生（当时名郑卫华）便是其中之一。此人后来成为新四军皖北领导成员之一，新中国成立后任安徽省统战部长及政协主席。

　　反蒋失败后，1930年至1931年，因"同盟会"老友邵力子、许世英介绍，先到陕西省邵力子和杨虎城部下任咨议；后去兰州，在甘肃省主席邓宝珊部下任军法处长。

　　1932年至1941年，在甘肃省先后任灵台、泾川、礼县、武都、民勤五县县长，并短期代理行政公署专员职务。遗憾的是，1934年张恨水西部之行时未能见面一叙。其时，张东野所在灵台县不通汽车，且正在修建灵台古迹，忙于政务改革，而张恨水由接待方安排，乘小轿车过泾川、平凉去兰州。当时西北交通及他们的情况，要见面很不易，通讯不便，电话没有，那里的电话是张东野1935年到泾川后才装建，灵台到泾川要骑马一天，那珍贵的小轿车也不准时，更无法停留。（注：张羽军回忆，1937年我们全家在泾川时，其伟小姑带着她的两个儿子来看我们，不止一次叹惜当年两个大哥未能见面，而且还说要是现在来就好了，我们三家都能团聚在泾川或平凉，因当时小姑爷史哲民是西兰公路平凉段总工长。）

　　此期间，值得一书的，首先是1932年至1935年在灵台县，政通人和，实行打邪恶、减税役、重教育、设文化馆，提议并主持编修县志，特别是主持兴建周文王灵台古迹，塑文王坐像并征集全国政要及名人墨宝，刻石立碑，使文王灵台成为甘肃一大文化景观。灵台落成期间，先来野生梅花鹿一对，后又有丹顶白鹤一对，双飞来仪，栖身台侧文庙古柏树上，盘桓和鸣，三日不去，万民争赏，传为佳话。当时有照片留影，并将古柏、白鹤、梅花鹿图像刻石立碑于大树下之小亭中，亭名"鹤来亭"。1966年"文革"破四旧时，此台被打砸破坏，直到改革开放后，又得扩大规模、辉煌重建。在人民怀念中，张东野得到高度评价（可查阅互联网"张东野"条目）。在灵台县，张东野与当时陇东保安司令杨子恒（灵台县人）一见如故，二人志同道合结为好友，新中国成立后，杨曾任甘肃省政协主席。

灵台人民对张东野无比敬重和感怀。灵台文人对张东野高度评价道："古人谓龚遂守渤海、黄霸治颍川，政绩彪炳于史册，若公者可鼎而为三矣。"（见民国《灵台县志》之《名宦传略》）。张东野调职离任之际，灵台各界先贤曾上书请求留任，后各地单位和百姓在鼓乐吹打中抬送锦旗和红匾，一连多日不断。灵台人民还在鹤来亭为张东野立了两座德政石碑。更有甚者，又在鹑觚乡江公祠内，为张东野供立长生牌以纪德政。这真是古今难得的德政佳话，青史美谈。

1936年至1938年张东野在泾川县，廉政法、减税役、激励民众，动员抗战，绅民齐颂。还曾保释被前任官员关押在监牢中的两名红军女战士。抗日战争初期，苏俄红军车队援华，泾川县是西兰公路线上重要接待大站，泾川的接待及保安工作，受到军政界高度赞扬。

1938年至1939年在武都县，其大力展开群众文化活动及抗日宣传工作，曾亲自主持编演抗战剧目；更为该县创建了第一个中学；还为提高全县师资水平，特请清华、北大、燕京等大学知名教授梅贻宝等，到武都办"全县中小学老师培训营"。此时，小妹张耘野也带女儿从安徽逃难，经重庆来到武都，任小学老师，积极参加抗日宣传。

1940年在民勤县，出资请人将好友郝耕仁的遗骨木箱运回其故乡安徽怀宁石牌（抗日战争期间，郝耕仁在凉州武威行政公署胡抱一专员处任秘书长，不幸病逝）。可惜战乱时期，旅途艰难，因遇匪情，慌乱中将骨箱掩埋，事后承运者（为郝家亲戚）忘记原址，无法追究，这是张东野终生憾事。

1940年至1941年，因劳累多病，辞职回乡——路经兰州、西安、界首等地，会见了多年不见的老朋友，如原杨虎城的参谋长慕哲夫，国民党军委高参刘荫远和曹秋若夫妇，原东北军张学良部将陈宏谋、孙志刚等；在界首还曾支持创办界首中学。最后回到安徽潜山老家。

1942年至1945年，在潜山，因其同盟会元老身份和从政带兵资历，曾被安徽省政府挂名为省咨议员，后被选为潜山县临时参议会议员、议长。此期间，张东野凭借人脉关系，曾数次营救或保释新四军及地下党员和革命群众，前后数次共达百人之众。在乡里曾以德高望重，经常调解民众纠纷。另外，还主持将一批张氏族人灵柩，运回朱河祖坟安葬，潜山名士"小圣人"余皖泉先生称赞张东野为"潜山侠士"并写诗颂扬。此期间，曾与新四军及地下党要员如李云鹤（新中国成立后曾任安徽省委统战部长、政协主席）、桂林栖（新中国成立后曾任安徽省委书记、省长）、张伟群、吴江、张海辉、张有道等有过联系。

1946年至1948年，抗战胜利后在安庆，与地区开明士绅改六邑中学为七邑联中（新增岳西县），聘请名师，提高教学质量。此期间，先后接待路过安庆的国民党元老柏文蔚和堂弟社会言情小说大家张恨水。

在国民党大选总统前，与沈子修、房秩五、张惕生、赵纶仕、陈我鲁、杨慧存等组成"安庆民众请愿团"，到南京总统府前请愿，揭露黑暗腐败，并请张恨水到南京联络各大报刊报道声援，影响巨大，震动全国。

1948年，国民党集团军司令张淦游潜山题写"南天一柱"后，路过安庆，以北伐战友的同宗兄弟之名，到家中拜访叙旧，并赠书法作品数幅。

1948年至1949年，新中国成立前后，身为民主同盟会员，与沈子修、光明甫、房秩五、李湘若等，展开宣传、策应工作，迎接新时代。此期间，国民党广西军174师师长曾扬言要杀害张东野全家。

1949年至1950年，受皖北行署党政领导委托，独自一人到怀宁石牌，劝降当地受蒙蔽乡民组成的反动组织"大刀会"。张东野宣扬政策，晓以利害，使其和平解散，处理顺利，广受赞誉。

1950年，皖北旱灾，张东野任皖北治灾委员会委员，并受委派赴上海、香港进行募捐。到香港后，通过原国民党和民主党派亲友，如当时生活在香港的许世英（国民党元老、外交部长、安徽省主席）等，进行募捐救灾，并展开统战工作，同行者还有原国民党浙江省主席屈映光。此行影响较大，得到好评。

1951年至1957年，任皖北防汛指挥部秘书长主任；又由周恩来总理签署任命为安徽治淮委员会副指挥；后又任合肥市民主建国会主任委员；省土改、文物等委员会委员；省、市人民代表；省、市政协常委；省、市工商联副主席，省、市政协副主席等职。

1955年，接待张恨水从北京回皖考察旅游。

1956年，任合肥副市长，并作为特邀代表出席全国政协、人大会议。

1958年，被错划为"张东野反党集团"大右派首恶，解除一切职务。在工商联图书室，受监督做管理员工作。家人、亲友、同事株连受害者甚众。如文史馆员教育家乌以风先生受连累，被错划为右派；又如在北京大学学习的儿媳徐棻（张羽军之妻），因送子回合肥，曾向组织反映了一些张东野的实情，便被诬告到北京大学，受到开除共青团员的处罚；长子张羽白先被诬为坏分子、右派，后又划为反革命分子，判处劳教、劳改。

1971年，夫人蔡振华病逝，时年71岁。

1974年，农历正月十六，张东野贫病交加，含冤逝世，时年85岁。他生前病卧数年，所幸身边有长媳汪轮满、长孙女张弓彀等家人悉心照料。其时，长子羽白蒙冤在农村劳改（改革开放后已得平反），次子羽军在四川下放五七干校劳动。

1978年，中共合肥市委统战部宣布摘去其"右派分子"帽子。

1981年，在数位高层领导提议及家人申诉和群众声援下，安徽省委统战部正式发文平反冤案。

1984年12月10日，安徽省委统战部派专人专车，将张东野和夫人蔡振华骨灰送归故里，安葬白岩寨朱河张氏祖坟。归葬途中，一路多处摆设香案，大礼迎送。下葬之时，天昏大雨，乡亲老少站满山坡，在泥水中跪拜致哀，人数近七八百之众。张东野夫妻的墓碑上，遵遗嘱刻"张氏二十世祖张东野蔡振华"，这是因为张东野为黄岭张氏第20代"芳"字辈长孙（谱名芳桢）。黄岭张氏最早是从陕西韩城迁移到江西，从江西又分一支迁到潜山。黄岭第一世祖是从明朝进士张华卿算起，他在皖为官，热爱天柱山景色，而黄岭依山水、临平坝，面对天柱峰，气象万千，风光别致，故迁家落户于此。

（根据张东野次子张羽军提供的有关资料整理）

（二）张东野、郝耕仁与张恨水交往

我父张东野与郝伯（郝耕仁）1905年相识于江西讲武堂，二人同学友好结为义兄弟。郝为老大哥，我父深受其革命新思想影响，郝很激进，二人秘密参加孙中山1905年在日本组成的同盟会（他们1905年参加，是第一批元老级会员）。讲武堂毕业后，由组织安排同被分配到上海警察局任职，进行革命活动，上海起义时，郝伯因体胖未参加突击队，而我父参加攻打江南制造局立大功，后被陈其美重用，任宪兵大队长等职。恨水叔这时在黄岭，颇为苦闷，被我父叫到上海，也与郝伯相见恨晚，三人成为密友。恨水叔也经介绍考入苏州蒙藏垦殖学校（孙中山创办，陈其美任校长）。但好景不长，袁世凯作乱，学校因经费短缺停办。于是，他们三人一同转入演戏流亡活动，文明剧社是以陈大悲、我父、李君磐等为主角，在苏州、上海、湖北、湖南、江西等地巡演。1914年底，我父与张寿书在上海被捕，他们就断了关系。袁世凯1916年死去，年底我父出狱，他们应有联系，但各忙其事。1918年，我父到北京会合恨水叔，不久被安徽都督柏文蔚招回安庆从事军政文化活动。1920年至1932年间，郝伯一家都常在安庆与我家来往，郝伯因其妻患精神疾病，长期不能出外谋职。1932年后，我父去西北，先后在西安杨虎臣处和兰州邓宝珊处任职，长期与郝伯无来往，只有1936在南京见过郝漾姐。1941年，我母和小姑耘野带我兄弟和徐枚姐在西安时，联系到郝家一位在西安八路军办事处工作的子弟，才知道郝漾姐确实

在延安干革命。其实，这时我们已知郝伯早已（1939或1940）因急病死于甘肃武威行政公署秘书长的任上，当时胡抱一任行政公署专员，此人原为蒋介石亲信，因其思想进步，赞成联共抗日，被降职下放。他是郝伯和我父的老朋友，我父在灵台县改革政务，重建灵台时，他是西峰镇行政专署专员，也对我父工作有所支持，灵台县归他的行署领导。我父调民勤县任职时，又归武威行署领导。武威是甘肃马家军（回族马步芳、马鸿奎）的势力地带，郝伯因回汉冲突事件急报，惊愤紧张脑溢血而死。我父到民勤曾委托郝伯一侄儿运棺回皖，中途出事，未能如愿。

我父建灵台时，1934至1935这两年与郝伯多有书信来往。1935年我父主持修张氏家谱时，就请郝伯写过赞序文章，这篇文章我会复印寄给你。郝伯是抗战时到西北投奔胡抱一先生的，这事好像郝漾那篇写她父与恨水叔友谊的文章中提到过，你翻看一下。抗战期间郝伯到甘肃肯定与我父有书信来往，详情我们小孩不知，但他们一直未曾见面我们是清楚的。郝伯此时在他石牌老家，他的落笔是于"爱夕阳庐"，那是他在老家照顾老伴时的书屋雅号。

（根据张羽军2018年3月14日与笔者通话记录整理）

（三）张东野、张耘野安庆足迹

我家在安庆的房址在铁佛庵，大院共二十多间房（两层，但楼上不能住人），是1930年前后购买并重建的。抗战前和胜利后、新中国成立后我家都住此处，直到20世纪50年代初我父到合肥任职，全家迁居合肥就未回去住过。

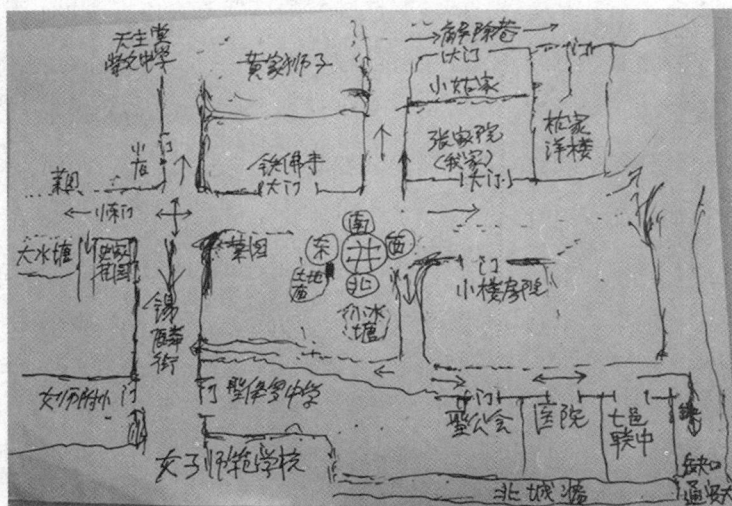

此图为张羽军手绘。以水井为中心，南面是铁佛庵巷，再南面左右分别是铁
佛寺，张东野、张耘野家住宅（位于铁佛庵巷与解除巷之间）

图中铁佛庵巷与解除巷之间楼房为原张东野、张耘野家住宅位置
摄于2018年2月23日

图为尚存的铁佛寺前水井，楼房即为原铁佛寺所在位置
摄于2018年2月23日

　　我父1946年底在上海出狱后，应柏文蔚召请回皖。他当时任柏军交通部长兼袁子金师参谋长，实际是代表柏本人联系全国各地军政势力，如吴佩孚、冯玉祥、屈映光等各方大人物，他也是神秘风云角色。他出狱后家中很惨（注：详情见本节《张东野生平》有关内容）。当时柏文蔚给了他一笔安家费慰抚和不少优待，这才使他有钱买地修房，钱不多只能简单从事，可是当时热闹聚会的人很多。我后来听很多亲友都说在这里住过，乡下远亲也常来此。我父当时还未与我母相识，后因耘野小姑进女子师范与我母同学，才成姻缘。他们大约是20年代初结婚，我大哥是1923出生于北平协和医院（3岁夭亡），我哥羽白1925出生于北平协和医院，我1929出生于上海德国医院，由此可见当时我父活跃风光情景……这房子是在20

年代末30年代初他去西北陕甘前重建的，我昨天说的是重建后的结果，这里可以说是当年我家亲友在安庆的代办处和落脚点，上辈的小姑、姨妈，下辈的漾姐和潜山张氏子弟到安庆求学，大多在这里长期和短期住宿过，由此我认识的人和了解的情况多些。我1954年及"文革"中都回去住过几天。改革开放初，我家太穷苦，大哥重病，房子廉价卖了！

图中自左向右，第一排：张耕凤、张耘野、张其范、吴永祚；第二排：徐枚（张耘野之女）、张羽军、桂力刚、张一骐。1982年张羽军回安庆参加全国中青年剧作家读书班，与家人团聚时留影（张羽军提供）

这房子很有历史传奇性，很多要人都去过，早年柏文蔚、袁子金、徐惟一、许世英、郝耕仁及其家人，张恨水及家人，抗战日伪时期安庆圣公会会长住过，一位桐城有名的汉奸"野火"占住过，新中国成立前国民党怀宁县长租住过，国民党集团军司令张淦、黄伯韬、余英时的父亲（大学校长）来访过，当然安庆很多著名人物也大多拜访过……又都是历史了。

我小姑耘野的房子在建设门（小东门）城墙边，大院花园（约六亩地）有十五六间房子，也是30年代左右购地新建。抗战前、胜利后、新中国成立前后都住此处，50年代初卖了，搬至靠近我家铁佛庵的解除巷小独院居住（是买的旧房院）。我家小姑爷徐惟一（介卿）原为安徽督军柏文蔚的参谋长，是陆军中将，柏文蔚失军权后姑爷长期赋闲，断续任闲职，新中国成立后为安庆文史馆员，我小姑任安庆政协委员，直到80年代随女儿搬住银行宿舍，又把这小院房卖了。抗战时安庆被日本占领，我两家房子都被别人居住，好在受损不大。

抗战前恨水叔在安庆置房，就是为三奶奶与徐大妈住，三奶奶抗战前和后都在安庆元宁巷住过，但她总不惯安庆生活而常回潜山，胜利后与恨水会见完，不久又回潜山，后来跟随牧野，直到去世，这段时间都是桂婶（注：指张仆野妻子桂秋芳）照应她。

关于六邑中学，张羽军介绍，六邑中学是抗战胜利后从太湖县迁回安庆，后因新立岳西县，加了一邑，改为"七邑联中"，校长赵伦仕（太湖赵朴初家族老教育家），后改任陈介孚为校长（安徽老教育家），校址在原同仁医院旁边，紧邻城墙豁口（由此可到安大和莲湖公园），隔路西侧就是原黄家操场。

（根据张羽军2018年3月20日与笔者通话记录整理）

[附注] 张羽军现年89岁，青少年时期曾长期居住安庆，他的回忆与叙述图文并茂，为我们了解张恨水在安庆的活动及居住情况提供了较为翔实的第一手资料。

查《安庆市志》，我们发现，铁佛庵初建于明末，传为状元刘若宰所建，在安庆老寺庙中，赫赫有名。清时，铁佛庵香火旺盛，当时城中佛事，非迎江寺，就是铁佛庵。铁佛庵有殿宇房舍十数间，其大门额为"铁佛禅林"，殿中供奉的，是一尊铁佛，铁佛庵由此而得名。清咸丰年间，太平军入驻安庆，铁佛被一根绳子吊走，熔为守城用的炮丸。1938年安庆沦陷，铁佛庵寺院渐废，到"文革"前，只有三两位带发僧人。"古佛由来皆铁汉，凡夫但见是金身"，现在流传下来的，也只有这幅老对联了。铁佛庵小井具体方位，在现锡麟街西，永安街东。

今天，当我们走在铁佛庵巷中，其中的铁佛庵已经无法找到，现在能见到的，也就这一口小井了。张羽军的回忆使铁佛庵当时周边的人事鲜活了、丰富生动了，古今对比，不禁令人浮想联翩。

二、张其范与张牧野姐弟

张其范、张牧野分别是张恨水的大妹和四弟，他们的生平简介在第一章已作介绍，在此不再赘述。张其范与丈夫桂凝露长期生活在安庆，生前住在元宁巷，与张恨水故居相邻而居。1958年，徐文淑去世后，张恨水的安庆住宅曾委托张其范管理，前文有关资料已经说明了故居被拆的原因。现居住安庆的张其范之子桂力太先生向笔者提供了一份他家住宅的买卖契约，说明了当时买房的背景。

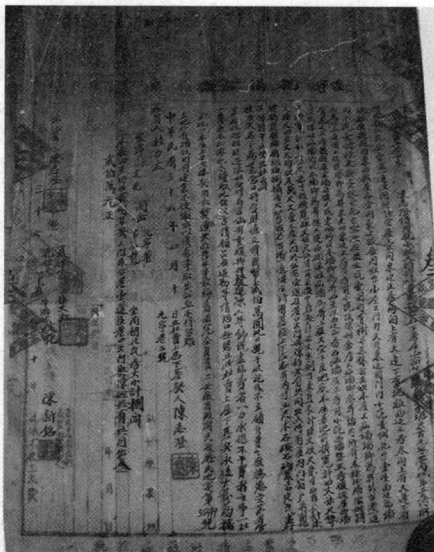

张其范旧居买卖契约

　　此契约向我们表达的信息是：购买时间是民国36年4月10日，即1947年4月10日，地点是元宁巷3号，此房是以张其范之子桂立太名义购买，徐文淑是证人之一。说明张恨水元宁巷故居编号1947年前就已经由3号改为5号。至于为何将房产落在桂力太名下，据桂力敏介绍，一是长子桂力刚已上高中，二子桂力祥在桂凝露任安庆太湖师范校长期间病逝，不久三子桂力太在那儿出生，是老人感情的一种寄托。当时国共内战期间，社会的整个大环境不明朗，所以抗战胜利后从太湖师范回安庆在元宁巷购买这个房产时就放在尚年幼的桂力太名下了。

　　张其范元宁巷住宅后来的变迁情况可参见前文她写给安庆市侨办的报告。

　　1948年，张牧野为了母亲在安庆龙山路与孝肃路交口的东南方

向的肖家桥（注：因肖家桥酥油饼而闻名）附近置房，当时门牌号
为孝肃路4号，前门朝孝肃路，后门朝肖家桥。现为孝肃路、龙山路
与后围塘街之间的龙山公寓。1948年底，张恨水母亲由张仆野之妻
桂秋芳陪伴居住如此，直至1949年安庆解放前夕，即回潜山黄岭新
庄去世。

照片右面的楼房（孝肃路与龙山路交口东南方向）即原张牧野住宅

左图中间巷道即孝肃路，与后围塘街相连，右侧即是龙山公寓朝向孝肃路方
向。右图为龙山公寓朝向龙山路与后围塘街交口方向

张牧野住宅与张恨水故居、张其范住宅距离不远，过肖家桥，穿过近圣街，左拐即可抵达。

三、有关人、事访谈

桂力敏（2008年11月14日上海华东师范大学家中）：

20世纪60年代初期，是三年困难时期，为了买肉，大舅妈徐文淑在近圣街前面排队凭票可以买点更好的猪肉，大概与前面插队的拌嘴了，一气之下，高血压发作，最后怎么找到的呢，因为她手上拿着一封信，准备寄给张小水，大舅妈是心地非常善良的一个人，她总是对我说，小敏子，我嫁了个"摇钱树"，每个月都有生活费准时寄来。我大舅非常有责任心，尽管由于历史的误会，没有什么感情基础，但并没有抛弃她，大舅妈也非常满足。

桂力刚（2006年5月10日上午安庆元宁巷家中）：

现在有些书中描述大舅与周娘的相识是我母亲张其范介绍或穿针引线，这是谣传，不符合历史史实。我母生前常和我们兄弟姐妹谈及大舅父的一些生活琐事，有些事她重复多次，但我们从未听到我母说过周娘是她介绍或穿针引线的，也从未听到来往亲朋说过此事。我母是一个农村姑娘，去城市不久，她不擅长也不喜欢交际；周娘是旧社会军人的后代，在与大舅相识之前与张家无丝毫瓜葛，非亲非故，也非左邻右舍，我母与周娘当时是素不相识。我母毕业于北京师范大学，具有较高的文化程度，待人处事，均在情理，我母怎么会将一个素昧平生，且比大舅小很多的小姑娘介绍给大舅呢？有人说周娘是我母的学生，这更是无稽之谈。周娘就读春明女中，我母大学毕业后曾任教于北平安徽中学，并未在春明女中工作过。

……

　　徐大舅母心地善良，中年信佛。她生了两胎，均不幸夭折。大舅父三房妻室在老家均有田产，土改时，她顶了地主帽子。晚年一直居住安庆。抗日战争胜利后，大舅全家在安庆欢度春节。1955年，大舅从合肥来安庆时，十几天时间就住在元宁巷的家中，与我父母畅叙别情。当时大舅母由其妹妹的女儿凤田陪伴，她曾想过继凤田给自己做女儿，于是当着大舅的面，让凤田喊"爸爸"，大舅当场拒绝了，说不要喊爸爸，喊姨夫，我们的子女已经很多了。1958年，大舅妈去世时，大舅就派长子小水来料理后事的。

　　张其范《回忆大哥张恨水》一文记录了1955年初夏来安庆的情况：1955年他（注：指张恨水）来信说，不日将从合肥来安庆，我们全家高兴极了。接连几天，早晚都上车站迎接，终于盼来了。大哥发有银丝，面皮皱褶，显然衰老了。他因1949年患脑溢血后遗症，舌头僵化，言语不便，步履蹒跚，见此形象，我不禁暗地落泪。在安庆住一星期，每天和惜秋叙述别后经过，兼谈论着文学创作。也曾去过迎江寺和月海方丈论证振风塔的历史，并在《安庆日报》上发表了《长日绵绵话安庆》的文章。好景不长，大哥走的那天，惜秋拎着他简单的行李，我尾随在后面，至近圣街的街口，他回头对我说："你回去吧，我有机会就回来。"我哽咽着说不出话来，只好频频点头，痴立在街头，凝视着他的背影，直到消逝在人群中，才怅然回家。谁知这一别，竟成永诀了。

　　1964年前大哥来信，惯用小说笔调和诗的口吻，文字流利，情意益然。1964年后，来信渐渐词句不通，意思也表达不清，我和惜秋预感到是不祥之兆。……

四、张恨水与桂凝露、张其范书信两封

现居安庆的张其范之子桂力太先生向笔者展示了张恨水与其父母亲张其范的通信。

第一封信：

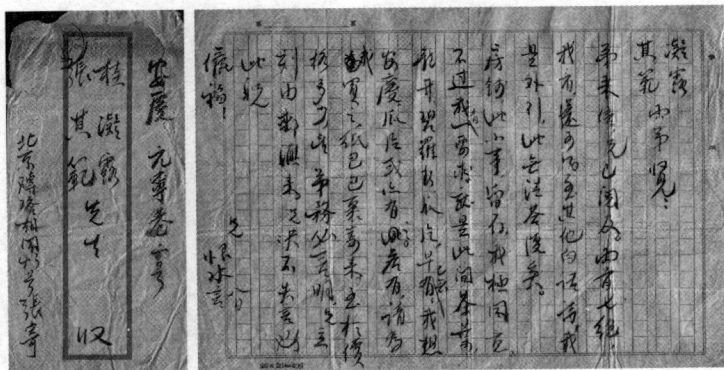

此信写于1964年前，左为信封，右为书信（桂力太提供）

内容如下：

凝露　其范两弟贤：

弟来信，兄已阅及。两首七绝，我看，还可以。至其他白话诗，我是外行，此无法答复矣。

房钱，此小事，留存，我极同意。不过我有一要求，就是此间茶叶，龙井，碧螺春，瓜片，早已无有。我想安庆，瓜片或亦有之。若有，请为我买之，纸包包裹寄来。至于价格多少，望弟务必言明。兄立刻由邮汇来，兄决不失言也。

此祝

俪福！

恨水言　八日

信封内容：

　　收信人地址：安庆元宁巷二号

　　收信人：桂凝露　张其范先生收

　　寄信人地址：北京砖塔胡同43号张寄

[附注]　此信是张恨水给其妹婿桂凝露、张其范夫妇的回信，大意有三：其一，肯定了桂凝露所写两首七绝诗；其二，赞同故居租金暂由桂凝露、张其范夫妇代为保管；其三，委托桂凝露、张其范夫妇代购家乡茶叶六安瓜片。

第二封信：

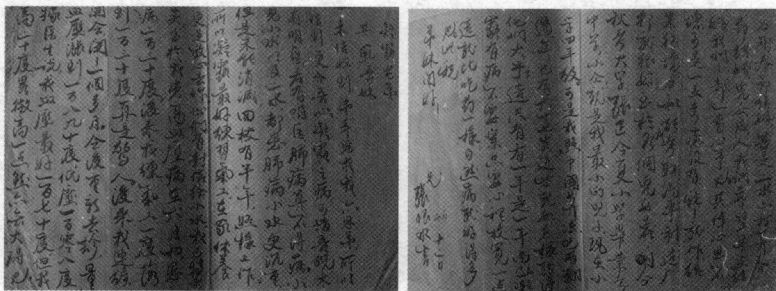

此信撰写于1960年（桂力太提供）

内容如下：

凝露老弟、其范吾妹：

来信收到，弟等思我，我亦思弟，所以信到，更合吾心。凝露之病，可惜吾皖未有明（名）医，若有明（名）医，肺病算不得病。小儿小水，以及二水，都患肺病，小水更沉重。但是未能消减，回校有半年，照样工作。所以凝露最好练习气工（功），在家修养，更是放心去作。你们有封信给小水，我已转去矣。至于我患高血压病，在六月初，患病二百三十度，后来我练气工（功），一度落到一百三十度，真是惊人。后来我连续开会，开了一个多月。会后重新去诊，量血压涨到一百八九十度，低压一百零八度，据医生说，我血压最好一百七十度，但我高二十度，略微高一点，然亦无大碍也。

力刚春节结婚，甚是。二水也打算春节结婚。儿女成人，我们希望早点结婚，我们了却一番心事也。其伟心思不坏，可是一点考虑没有，说了就作，结果很坏，力和能考取汽车制造厂那就很好。至于我各个儿女，蓉蓉金秋考大学，张正今夏小学毕业考中学，小仝就是我最小的儿子，现在小学四年级。可是我照中国算法，翻过年已有六十七岁，这些儿女，怎样盼得大乎？这只有看一年是一年而已。凝露有病不要紧，只要心里放宽一点，这就比吃药一样，自然病就好得多也。此祝

弟妹问好！

兄张恨水书

十二日

[附注] 此信也是张恨水给桂凝露、张其范的回信，主要交流身

体状况以及彼此小孩学习与工作情况。从中可以看出晚年张恨水生活、家庭及思想情况。

第四节 石牌郝耕仁故里行

张恨水1927年10月23日在北京《益世报》副刊《益世俱乐部》发表的《得友之乐》一文叙述道："生平文字患难之交，凡得三人。其一客死沪上，墓木已拱。其一流落江湖，存亡未卜。其一不通音问者凡二年。近忽来书，已绝交归隐，执书怅惘，百感交集，人海茫茫，我又将何所归宿耶？"此处所说三个友人即指潜山的张楚萍（张寿书）、广东番禺的郑慧英和安徽怀宁的郝耕仁。考安庆对张恨水一生帮助并提携、关系密切的两人，一是堂兄张东野，一是郝耕仁。

20世纪30年代甘肃凉州时期郝耕仁小影

怀着此番目的，2015年10月25日笔者与同事汤文益、江中雯，还有安师大文学院的陈宗俊博士，相邀一起驱车前往怀宁县石牌古镇郝耕仁的家乡郝山村。早七时，我们驾车沿沪蓉高速沿江段，八时抵达安庆，约九时二十分抵达目的地。因临近长江，水网湖岔众多，沿途风景秀丽，其中麻塘湖最为秀丽。事先我们和雷埠乡政府及郝山村约定好了。在乡长的陪同下，我们直奔郝山村委会。村委会就在郝氏宗祠前面，环境很好。

位于郝山村的郝氏宗祠

祠堂管事也是实业家郝结干总经理带我们翻看了民国年间编修的《郝氏宗谱》。

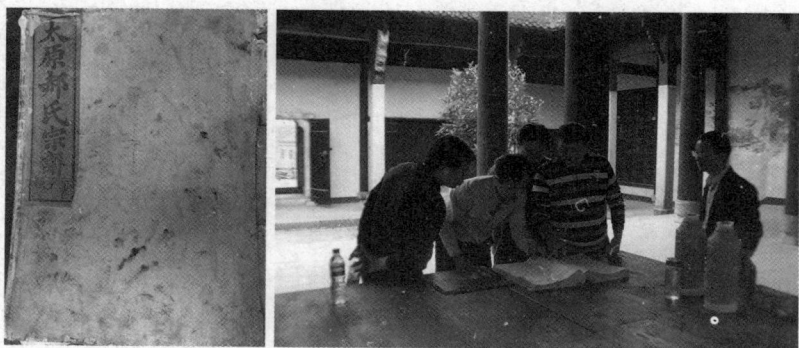

笔者查阅宗祠内收藏的《郝氏宗谱》

　　谱中记载郝耕仁情况如下：

　　原名森，字子霞，亦字耕仁，生于光绪六年庚辰十月十三日午时，光绪廿九年毕业于怀宁凤鸣学堂，光绪三十二年毕业于北洋高等巡警学堂，肄业于上海中国公学三学期。民国成立后，立充上海《民声报》《民立报》，芜湖《皖江日报》主笔，又历任芜湖安徽省立第二甲种农业农学校、安徽省立第一工业学校、第二女子师范学堂、安徽公立职业学校及萃文中学国文教员。民国十一年许世英长皖特聘为省公署咨议官。廿四年在甘肃省第六专署秘书，二七年甘省第四专署视察员兼编修骑五军史主任编辑员。殁于民国廿八年戊辰十二月廿七日，葬甘肃省兰州墓林地。

　　配韩氏，生于光绪十七年辛卯八月十八日卯时。生女四，长名样，肄业于安徽省立第二女子师范附属小学三年级；次名模，适韩若符；三名淑，陕省洛南县立中学毕业；四名满，适汪子忠希。

　　时值仲秋，稻子黄了，一片金黄。这是丘陵地区，四周群山环绕。郝氏祠堂很古朴，修建于乾隆十三年。前面是凤山，后面是孤山，右边是金鸡岭水库。沿祠堂前路左行约三、四百米路程，即到了郝耕仁祖居地郝家长房屋。这里背山临水，祖堂背后是山，左边是杨家岭古树、碧萝村，右边是学堂，正面是大塘和石堰、平畴的田野。

尚存的原郝耕仁家住宅全景

住宅昔日面貌依稀可辨

关于郝耕仁家住宅，郝漾《回忆我父亲郝耕仁与名小说家张恨水的友谊》作了如下介绍：

　　我父亲离开剧团后,要回家探亲,恨水先生当时也无事可做,我父亲就约他同回安徽怀宁县山区我的家乡。在我家住了一段时间。当时我家还是老旧房屋,环境清幽,院内有一棵百年老枣树,粗可合抱,春、夏、秋三季浓荫覆盖了半个院落。春日枣花开时香飘满院。二门有一甬道,右通堂屋、陈设典雅。四壁悬有字画吊屏。记得中堂有一副"百鸟和鸣"的水墨画,两旁对联:"种来松树高于屋,闻道梅花瘦似诗"。(我十一岁时旧物拆除,这是我童年记忆。)堂屋右间壁为客房,堂屋左及甬道左为家人住室。恨水先生在客房内居住,客房南窗下临溪涧,面对一座山林。山上林木繁茂,古树参天,有数十棵古松都被藤萝缠绕,形成一片奇特的藤萝架。父亲和我在家时,常盘桓于其下。值藤萝花盛开时来采摘些花朵拿回家和面煎饼,清香扑鼻。春、夏、秋三季,山上野花竞放,争妍斗艳。尤其春日杜鹃花盛开时,漫山红遍。秋日片片枫叶与苍松翠柏相映,景色绚丽。院子大门外,群山起伏,层峦叠翠,早晚薄雾笼罩,恍惚迷离,如在仙境。恨水先生对我故乡景物很是欣赏,由我父亲当导游,踏遍了我们家乡的山山水水。于是两人动了隐居于青山绿水之间专事著述的念头。

　　这段经历恨水先生留下了多首优美的诗篇。一九三三年我到北平在其创办的北华美专学习二年,一九三五年回乡探亲时,他给我写了一首怀念我父亲的七律条幅:

> 江南家住碧萝村,村外丛山绿到门;
> 一别早忘猿鹤约,十年犹忆水云痕;
> 风尘只剩贪茶癖,笔砚无从报国恩;
> 唯问豪华何处去,半囊故纸葬诗魂。

他和我父亲一生唱和的诗作很多，写这首诗并有附言说明是怀念我父七律四首之一。我回家时父亲曾拿给我看过他的另三首七律，现已忘记。这首诗因悬挂在我书房内，故记忆深刻。

恨水先生在《我的写作生涯》一书中曾记载他和我父亲的一段流浪史："旅途中我俩（指和我父亲）彼此唱和，做了不少诗。他为此行还写了一篇沉痛而又幽默的《半途记》。可惜这篇稿子丢了，不然倒是值得纪念的"，云云。

我也很可惜，战争中离开了父亲，以后躲避国民党的逮捕，仓促去延安，身边所有东西都丢了。父亲在抗日战争中也只身避难至甘肃省凉州，投奔其好友胡抱一，其时胡在凉州任专员。一九四〇年二月去世时，胡先生告诉我，我父遗留诗文很多，拟为其出诗文集。不久，我去延安，胡先生被国民党杀害，我父文稿也就荡然无存了。至今深感遗憾。

……

我父亲于一九二七年白色恐怖之时，急忙把我带回家乡，从此意志消沉，决定隐居不出。当时隐居已有一定的物质基础。我母亲生我二妹（一九二三年）后，就不想随我父外出了。说在外花销太大，她要我父亲每月寄二三十元赡家费。她就在家一手经营买了几十亩田（加祖遗山林田地约三十亩）。一九二五年，她又一手操持设计把老房拆掉，盖了新房。为了多盖几间房子，占去了半个院子，把院内树木尽行砍伐，百年老枣树也不能幸免。这所新房子设计得实在庸俗不堪，完全失去了古朴幽静的风貌。我父亲见了摇头叹息，但已无可奈何。我也很留念老屋，那院子大大的，尤其心痛那棵老枣树，从此吃不到家乡那新鲜甜脆的枣儿了。

我回家乡后，在设于郝氏宗祠内的乡办混合中小学读了一年书。校长是族祖大乡绅，只在安庆聘了一个教员，一人兼教语文、数学、音乐、体育等课。学生大到二十多岁，小的不到十岁，都在一个教室上课。父亲见我在那学校学不到什么，就亲自教我。

对于郝耕仁，仍居住在此的郝耕仁侄孙向笔者作了更详细的介绍：

我堂祖父郝耕仁，生于1885年，卒于1939年，是清末秀才，善诗文，懂书法。1907年在上海加入东部同盟会，从事民主革命活动。1910年，与任天知组织"进化团"。次年春，在南京"新新大舞台"演出话剧《都督梦》，随后来芜湖演出，《皖江日报》进行宣传。未久，"进化团"被查封，通缉骨干，堂祖父前往九江，因无发辫，匿居乡间。武昌起义后，离开去上海，参加北伐铁血军。南北议和后，从上海返回故里，路经芜湖。1912年，被谭明卿聘为《皖江日报》主笔。1913年，与友韩恢在上海组织秘密团体，从事倒袁活动，袁世凯死后，集团解散，继任《皖江日报》主笔。1917年，粤军一旅长邀他前往囊组，后为免遭株连，隐居故里。此时，与潜山张心远（恨水）结识，欲结伴赴平，抵芜湖后，推荐张在《皖江日报》工作。

五四运动时，省立芜湖五中民主思想活跃，堂祖父同情支持五中师生活动，并披露学生运动动态。1918年冬，他将《皖江日报》副刊更名，以适应潮流。常为副刊撰稿的有：高语罕、钱杏邨、蒋光慈、李克农、李宗赫、刘希平、吴保鄂、胡彭、卢仲农、高宗俊、夏葵予、王省三等人。《皖江新潮》副刊，着力推进民主进步思想，因而《皖江日报》发行量扩大。由此堂祖父被谭明卿重用，然而守旧人士，则对此非议，并起绰号"郝大癫"。1934年。堂祖父应甘肃某政友之邀赴陇，历时年余，写大西北长篇通讯，在《皖

江》《工商》两报连载。1937年7月7日，抗日战争爆发，堂祖父爱国
志切，将妻女留在家乡，只身去陇帮助友工作，1939年，病逝凉州。

[**附注**] 结合郝耕仁之女郝漾的介绍，来到实地考察，此地三面
环山，的确是一处风景秀丽之所在，郝耕仁住宅在大屋的东南面，
难怪张恨水当时在此居留多日，为此流连忘返了。

回程中，我们又顺便探访了古镇石牌的上街和皖河码头。

缓缓东流的皖河水

面对秋风吹拂下的景色、皖河边的曾经繁华的上街，不禁令我
思考，人与城都有其历史命运的，一如人们早已淡忘的郝氏、已成
废墟的上街，荒草萋萋的码头和秋日下静静流淌的皖水。这缓缓东
流的皖河水流经不远即达安庆汇入长江而东流如海，大浪淘沙，想
起这曾经的人和事，怎不让人黯然神伤？

附一：马山席地谈

左笑鸿

一九三七年，卢沟桥事变后，我全家南行，在安庆住着。

初冬的一天，我到附近的邮局去发信。买了邮票粘好，投进邮箱，正要转身出去，忽听背后有人叫我，回头一看，原来是恨水！这一喜非同小可，实在是意想不到的会面。

紧紧地握住双手，话不知从哪里说起。

"我知道你路过南京，可是第二天再打听，不又走了。"

是的，我路过南京，为了上船方便，就住在下关的一家旅馆里。安顿好了家眷，我便进城看朋友。刚到第一家，一支烟没吸完，空袭警报就来了，于是我跟了朋友到防空的地方去躲避。这一躲就是两小时，警报解除后，惦记着家里人，立即出城回到旅馆，也没再看第二个朋友。打听得次日有轮船开上水，马上买了票，静等动身。就这样，没见到恨水。至于恨水此时究竟在不在南京，我也弄不清了。

我告诉他，我到安庆已经一个多月了。

他望着我，我望着他，不知该说什么。

还是恨水建议："走吧，咱们找个地方聊聊去，这里的空袭警报也不少，敌机沿江西上，总是要路过这里，一路过就得发警报，城里尤其讨厌，不如城外安全。"

我说："安庆我不熟，城外上哪儿去？"

他说："不远，走。"

于是我们一路走着。果然，只转了两个弯就出了北门。出北门也不过一里多路，就到了一个小山下。

恨水指着小山说："这叫马山。咱们上去。"

上山几十步，那里有点树，地下还有半青半黄的草。

"咱们坐下聊吧。"恨水先坐下了。

两人席地对坐。走得还挺热，都取下帽子当扇子煽着，还拿出香烟来抽。

"人真是想不到！"恨水先开口，"在这儿遇上了。"

"这就是'人生何处不相逢'么。尤其在这乱离之世，一切都说不定。我还记得苏东坡的几句诗：'人生到处知何似？正似飞鸿踏雪泥。泥上偶然留指爪，鸿飞那复计东西。'今天一见，也正是如此。"

恨水点点头，"这是东坡给他老弟子由的诗，你还记得。本来也是，咱们今天一见，再见又不知何时何地了。"

我问他今后的打算。他说他可能溯江西上，也许先在武汉停留一下，然后再定。

他又问我。我说，打算进一步下乡，把家眷安顿好，然后再出来，很有可能到香港去。

两人都感到来日茫茫，不知该怎么办。

我问他住在哪儿。他说他在这里有家，一部分住在这里，老太太也在这儿。

还好，谈了两个多钟头，也没有警报。

"到我家里去坐坐。"

"我是要登堂拜母的。再聊一会。"

他告诉我，他的肘部患了关节炎。我劝他医治，不妨先贴膏药，听说安庆还是有很好的膏药的。一定要治，否则会妨碍写作。他答应了。

"经过这次的动乱、流离，又提供你不少小说材料，希望你随地留心，会写出有血有肉的作品来的。"

"咳，看吧，谁能估计以后怎么样呢。"由这里他替我今后的生活担心，他说："你下乡去是可以的，但我总觉得不是长事，入山越深，越不容易过活，你一家人，到哪儿找收入去？所以我认为你还得出来。说句不客气的话，你我歇了笔就歇嘴，我往上游去也是要找出路啊。"

这是多么坦率而知心的话！我非常感动，同他紧紧地握了手。

时间已近黄昏，于是站起来，拍拍身上的土，一路到他家去。

只坐了一小会儿，已暮色苍茫，他要留我吃饭，我说怕家里人等得着急，便告辞出来。

他一直送我到路口。临分手时，他说："我两三天就走，去谈谈路子，有机会就写信找你。"

我感谢他对我的厚意，再次握手而别。

这一席谈，我永远忘不了。

[附注] 左笑鸿，原名左啸虹，著名报人，系张恨水生前同事。此文作于1978年，由洪克珉提供，未公开发表过。文章所叙内容细致而感人，为我们了解张恨水与安庆又增添了新的史料。

附二：张氏续修宗谱赠言

郝耕仁

登大龙之巅，西望皖山，高入云表，中有奇峰突出，矗然撑天者，世皆称之曰天柱山。汉之前，天柱为南岳，故又尊之曰古南岳。过南岳之下，睹此山峰之胜，人多谓将必有钟灵毓秀之气而生者焉。吾友张子东野世居古南岳之阳，其始祖华卿公明进士为皖别驾，因爱南岳之奇，遂居之。四百年来，裔嗣繁衍已逾万丁。东野之曾祖石渠公与咸同间皖方伯三湘名士叶介唐氏齐名，生四子，长楷书公，二教书公，三葆书公，四铭书公。教书名开甲公，魁梧奇伟，为清名将军。十五成文章，弱冠握军符。光绪末叶尤任江西协镇都督事，滕王阁曾镌其勋名。生四子，长博臣公，次焰臣公（字南圃），三庚圃公，四洲圃公。南圃公仁爱好义，有古人风，生子三，东野即其长，次樵野，三农野。庚圃公之长子即名小说家恨水，亦随东野与予为莫逆交。东野肄业于江西陆军暨上海中华法政专门，性诚厚而聪慧任侠义，喜读《周易》，著有《易学启明救亡刍议》《西北游记》诸书。革命三十年，历为军师参谋长并癸丑讨袁军梯团司令，参与南北之战，屡建奇功，又试为令尹，长霍邱、灵台、泾川，时政通人和，民多爱之。巢县佛学名人蔡公了禅重东野之行，乃以长女梅先氏妻之，梅先为皖女师高材生，赋有淑德，生子女五，长祖龄，次栩栩，三坎灵，均幼殇。四祖刁，字羽白，五祖翚，字羽军，体态皆俊伟，将必为人类之特出者。恨水文章之妙，著作等身，人多奇之，生三子亦皆英物。传曰：明德之后，必有达人。其此之后谓欤。民国三十四年秋岁乙亥东野重修族谱，余无以赠，乃就余所知者略述之噫，张氏望族代有闻人，东野、恨水与其昆仲特一斑耳。

怀宁郝耕仁撰于爱夕阳庐

中华民国二十四年岁乙亥秋九月中浣

　　[附注]　此文是郝耕仁为民国24年潜山黄岭《张氏宗谱》所撰写的谱赞，文末"爱夕阳庐"是郝耕仁在怀宁石牌郝山村郝家住宅的书屋雅号。

后 记

自2004年开始，为了编纂《张恨水年谱》，我有计划、有意识地沿张恨水生前生活与工作过的地方作了多次寻访，足迹所到之处，耳闻目睹之下，有惊喜，有惋惜，有悲叹，其心情可谓五味杂陈。于是，也就立下了一个心愿，把所见所闻以笔记方式给整理出来，但具体操作起来远非当初想象的那么简单。若干年来，每当整理资料或回想当时情景之时，深感其丰富内容很难以几个章节来涵括，遂打破当初所想，改为现在篇章格局，以地域的描述来体现文化及其与张恨水的关系，分"皖江篇""江西篇""重庆篇""吴越篇""北京篇"，本书是"皖江篇"，重点突出一个"水"字，阐述张恨水在皖江流域的活动足迹与人文篇章，旨在以史料串起人事，加上自己的心得与思考，今夕对比之中显现张恨水的价值和意义。

在即将结束本篇文稿之时，再次阅读了恨水先生的《春明外史》，其后序再次引起了我的关注，序曰：

渐之意义大矣哉！从来防患者杜于渐，创业者起于渐，渐者，人生必注意之一事乎？吾何以知之？吾尝来往扬子江口，观于崇明岛有以发其省也。

舟出扬子江，至吴淞已与黄海相接，碧天隐隐中，有绿岸一线，横于江口者，是为崇明岛。岛长百五十里，宽三十，人民城市，田园禽兽，其上无不具有，俨然一世外桃源也。然千百年前，初无此岛。盖江水挟沙以俱下，偶有所阻，积而为滩，滩能不为风水卷去，则日积月聚，一变为洲渚，再变为岛屿，降而至于今日，遂有此人民城市，田园禽兽，卓然江苏一大县治矣。夫泥沙之在江中，与水混合，奔流而下，日日积之，以至月月积之，居然于浩浩荡荡，波浪滔天之江海交合处，成此大岛。是则渐之为功，真可惊可喜可惧之处矣。

这不正是"水"的功劳吗？恨水先生此处所举之例，正是人生之义——成于渐。唯其如此，本书的写作，其终极目标则是作为《张恨水年谱》的姊妹篇，凡是《年谱》不宜、不便与不好表述之处，这里均以翔实的资料予以铺叙，力求向读者展示一位至真至纯的张恨水。

在此，我要感谢恨水先生的家人、亲属，感谢北京鸿儒文轩文化传播有限公司，感谢我的家人与同事，是他们的无私支持与奉献，给予了我的动力与精力来完成此项工作。

最后，以陆游的诗句"双鬓多年作雪，寸心至死如丹"结束本书并自勉，以期完成以后诸篇的写作。

谢家顺

2018年4月1日于池州寒暄斋